Rainer Himmelfreundpointner

UNSCHULDIG HINTER GITTERN

Rainer Himmelfreundpointner

UNSCHULDIG HINTER GITTERN

Justizirrtümer in Österreich

ecowin

Rainer Himmelfreundpointner
Unschuldig hinter Gittern
Justizirrtümer in Österreich
Salzburg: Ecowin Verlag GmbH, 2008
ISBN: 978-3-902404-61-9

Unsere Web-Adresse:
www.ecowin.at

1 2 3 4 5 6 7 8 / 10 09 08

Alle Rechte vorbehalten
Lektorat: Arnold Klaffenböck
Cover: www.kratkys.net
Copyright © 2008 by Ecowin Verlag GmbH, Salzburg
Gesamtherstellung: Druckerei Theiss GmbH, A-9431 St. Stefan, www.theiss.at
Gesetzt in der Schrift „Sabon"
In Österreich gedruckt

Für meine Mutter Maria

Inhaltsverzeichnis

Wenn Irren nicht mehr menschlich ist	11
Irrtum, Irrsinn und Irrwitz	11
Der Fall Jesus Christus	11
Was ist ein Justizirrtum?	15
Komplizierte Definition, verwirrende Begriffe	15
Die Varianten des Justizirrtums	18
Unschuldig verurteilt, Freispruch trotz Schuld,	
falsches Strafmaß	18
Acht geraubte Jahre: Der Fall Peter Heidegger	25
Die häufigsten Gründe für einen Justizirrtum	35
Fehlerhafte Ermittlungen, fragwürdige Gutachten,	
mangelhafte Verteidigung	35
Wiederaufnahmeverfahren in Österreich	47
Parlamentarische Anfrage im Juni 2008	47
Antwort von Justizministerin Maria Berger	49
Die Problematik des Wiederaufnahmeantrags	50
„Rechtsirriges Urteil":	
Der Wiederaufnahmeantrag im Fall Silke Schnabel . .	52
Justizirrtümer in Österreich	73
Eine Chance auf späte Sühne: Der Fall Silke Schnabel . . .	73
Ein Akt auf Irrwegen: Der Fall Walter Monschein	78
Geständnis vor Selbstmord: Der Fall Peter Egger	80
Dieser Aktrice ging es wirklich mies:	
Der Fall Manuela Sarnitz	81
Der findige Masseverwalter:	
Der Fall Leopoldine Rabenhaupt	83
Blausäure zum Frühstück: Der Fall Katharina Steiner . .	85

Wenn Kinder lügen: Der Fall Istvan Bratoly 87
Eifersucht und Geltungsdrang einer Göre:
Der Fall Josef Buxbaum 88
Wenn Gier zum Verhängnis wird:
Der Fall Juliane Stracher 89
Verdacht auf Ritualmord: Der Fall Leopold Hilsner . . . 97
Vatermord ohne Motiv: Der Fall Philipp Halsmann . . . 98
Wer ist Joseph Skarke?: Der Fall Emil Wallenberg 104
Die russische Kugel: Der Fall Wilhelm Gratzl 106
Die verschwundene Tochter:
Der Fall Johann Gawenda 107
Aufgeschlitzt, ausgeweidet, aufgegessen:
Der Fall Ritter 108
Eine besoffene Geschichte: Der Fall Anton Sappl 111
Auf der Flucht: Der Fall Tibor Foco 114
Fegefeuer – hin und zurück: Der Fall Jack Unterweger . . 121
Alibi am 16er-Loch?: Der Fall Herbert Zwidl 124
Wer zittert, ist schuldig: Der Fall Gietzinger & Harter . . 126
Ein Mann, ein Wort: Der Fall Franz Bratuscha 128
Intelligenzquotient 73: Der Fall Anton Wellner 129
Irrenhaus wegen Kontominus: Der Fall Werner Otter . . 131
Kann denn Hüpfen Folter sein?:
Der Sonderfall „Hitzezellen" 133

Justizirrtümer in aller Welt 135
Allgemeiner Überblick: Das Problem der Todesstrafe . . 135
Aus dem Ring gefegt: Der Fall Rubin Carter 138
Fast zu Tode ermittelt: Der Fall Anthony Porter 142
Ein Opfer britischer Gerechtigkeit:
Der Fall Derek Bentley 146
Englische Zahlen: Die Fälle „Birmingham Six",
„Guildford Four" und „Tottenham Three" 149
Wenn Gutachter streiten: Der Fall Hans Hetzel 152
Verhängnisvolle Affären: Der Fall Vera Brühne 157

Politmord im Zeichen des Kreuzes:
Der Fall Jeanne d'Arc 161
Im Rachen des Teufels: Der Fall Alfred Dreyfus 165
Eiskalt abserviert: Der Fall David Milgaard 169
Ein „Idiot" als Serienmörder:
Der Fall Andrej Tschikatilo 174
Taub und stumm: Der Fall Darryl Beamish 178
Ein Ziegelstein als Herausforderung für die Justiz:
Der Fall Dong Wei 180

Danksagung 183

Quellen- und Literaturverzeichnis 187

Wenn Irren nicht mehr menschlich ist

Irrtum, Irrsinn und Irrwitz

Der Fall Jesus Christus

War die Kreuzigung von Jesus Christus ein Justizirrtum? Die Hinrichtung eines Menschen, der nichts anderes als Nächstenliebe gepredigt hat. Eines Bürgers von Judäa, der in seinem Leben keine einzige Straftat beging. Eines Mannes, der sein Brot und seinen Wein in Mengen mit anderen geteilt hat, ja sogar seinen Leib und sein Blut. Eines überirdischen Wesens, das nach dem Glauben von knapp einer Milliarde Menschen ins Jammertal des irdischen Daseins gekommen ist, um ein sich selbst lobendes Volk und die Welt zu retten. Der Mord an einem Messias also, wie er schon in tausende Jahre alten Schriften prophezeit wurde.

Oder anders gesagt: War die Todesstrafe für Jesus Christus nichts weiter als ein Willkürakt aufgrund des öffentlichen Drucks der örtlichen Justiz, oder war sie ein von höherer Macht gelenkter Akt und göttlicher Wille?

Diese Frage hat über die vergangenen rund 2000 Jahre die Menschheit geteilt, das Blut von unzähligen Menschen gefordert und dazu geführt, dass die Geschichte des Justizfalles Jesus Christus wahrscheinlich jedes Kind kennt. Denn über diese Person sind bis heute an die 100.000 Bücher geschrieben worden. Die wichtigsten Autoren sind die Evangelisten der Bibel, die das Leben und Wirken von Jesus Christus in vielen Einzelheiten schildern. Auch die römischen Historiker Tacitus und Sueton sowie der jüdische Geschichtsschreiber Flavius Josephus berichten über ihn und sein Dasein.

Doch über die letzten Tage dieses Menschen existieren – abgesehen von den erst nach teils 100 und mehr Jahren später verfassten und oftmals redigierten Texten der Bibel – keinerlei authentische schriftliche Zeugnisse. Es gibt nicht einen einzigen zeitgenössischen Prozessbericht. Man kennt keine römischen Aktenvermerke. Dokumentierte Zeugenaussagen – seien sie nun be- oder entlastend – sind, so es sie überhaupt gegeben hat, im Lauf der Zeit verschollen. Kurzum: Alles, was man heute über den Prozess gegen einen der bedeutendsten Religionsstifter dieses Planeten weiß, ist reines Hörensagen.

Wenn Pontius Pilatus, der in den Jahren 26 bis 36 nach Christus römischer Prokurator in Judäa war und in dieser Position die Verurteilung zu verantworten hatte, den Prozess beschrieben hätte, sei es auch nur in wenigen Sätzen, wäre dies wohl eines der wichtigsten Dokumente der Menschheit. Vielleicht hat er das ja auch. Doch der Mahlstrom der Geschichte hält diesen Bericht bis heute verborgen.

So bleibt die Bibel die einzige bekannte Quelle über den wahrscheinlich bedeutsamsten Prozess, der in den vergangenen 2000 Jahren, vielleicht je, stattgefunden hat. Aus heutiger Sicht war die Kreuzigung Jesu nicht nur ein Justizirrtum, sondern wahrscheinlich auch ein mörderischer Willkürakt der zeitgenössischen Justiz.

Dieser passierte – sehr verkürzt geschildert – so: Jeder Jude hatte damals, zu Beginn der westlichen Zeitrechnung, von seinem zwölften Lebensjahr an die Pflicht, nach Jerusalem zu pilgern, um den „Altar Jahwes zu schauen". Auch Jesus ist mit seinen Jüngern zum Passahfest in die Stadt Davids auf einem Esel gekommen. Doch in den Augen der lokalen Granden, allen voran des jüdischen Hohepriesters Kaiphas, ist Jesus nichts anderes als ein Scharlatan und Volksverhetzer. Kaiphas wittert die einmalige Chance, jenem Menschen, der von sich selbst sagt, Gottes Sohn und König der Juden zu sein, den Garaus zu machen. Da laut jüdischen Traditionen alle Geschäfte und auch die Gerichtsbarkeit während des sieben Tage langen Passahfestes (Ostern) zu ruhen haben, muss die Verhaftung und Verurteilung von Jesus noch vor den Festtagen erledigt werden.

Kaiphas hat nur zwölf Stunden für die Aktion. Er nützt sie.

Dank einer Indiskretion eines Gefährten von Jesus namens Judas wird der Messias verhaftet und dem „Sanhedrin" – einer Art Hohem Rat des jüdischen Gerichtshofes – vorgeführt und von Kaiphas verhört. Mit allen damals bekannten Methoden der Folterung und der Verleumdung – falsche Zeugen belasten Jesus – sowie der Verleugnung – keiner seiner Apostel will zu seinen Gunsten aussagen. Ein konkreter Vorwurf – im heutigen Sinne strafrechtlich relevanter, der die Todesstrafe zur Folge hätte – ist nicht bekannt.

Dennoch fordert Kaiphas das Todesurteil für den Angeklagten. Aber ein derart strenges Verdikt ist jüdischen Gerichten von der römischen Besatzungsmacht verboten worden. Also spricht der Hohepriester bei Pontius Pilatus vor und bezichtigt Jesus der Gotteslästerung – immerhin habe dieser eingestanden, der Sohn Gottes zu sein, was nur einem Todesurteil gleichkommen könne.

Pilatus lässt das ziemlich kalt, denn der römische Statthalter ist an innerjüdischen religiösen Fragen überhaupt nicht interessiert. Außerdem hält er Jesus für nicht schuldig. Im Zuge einer – heute würde man sagen – Anhörung meint er, die Anschuldigungen von Kaiphas seien kein ausreichender Grund, Jesus wegen Volksverhetzung zu verurteilen. Damit handelt er im ersten Moment nicht nur nach dem im römischen Recht sakrosankten Grundsatz „in dubio pro reo" – „im Zweifel für den Angeklagten" –, sondern argumentiert Kaiphas selbst auch an die Grenze der Verleumdung.

Allerdings erfolglos. Denn der Kaiser in Rom verlangt von all seinen Statthaltern, für Ruhe und Stabilität in den Provinzen zu sorgen. Angesichts des Prozesses gegen Jesus ist das in Judäa eine ziemlich heikle Aufgabe. Pilatus will daher jeglichen Aufruhr vermeiden und bietet verschiedene Optionen für ein Urteil an: von der Freilassung Jesu bis zu einer schmerzhaften Geißelung, aber nicht die Todesstrafe.

Doch genau diese fordert das rasende Volk. Selbst als Pilatus die Menge vor die Wahl stellt, entweder den überführten Mörder Barabbas oder den unschuldigen Jesus ins nächste Reich zu befördern, skandieren die Leute laut Neuem Testament lärmend: „Lässt Du diesen los, so bist Du des Kaisers Freund nicht" (Johannes 19,12).

Der Rest der Geschichte wird in jeder Schule gelehrt: Pilatus gibt dem Druck der Bevölkerung nach und verurteilt Jesus Christus – nicht ohne vorherige Folterung durch etwa 120 Stockhiebe auf den nackten Körper – zum Tod am Kreuz. Der Historiker Cicero nennt das die „grausamste und fürchterlichste Todesstrafe". Pilatus aber „nahm Wasser, wusch sich vor dem Volk die Hände und sagte: ‚Ich bin unschuldig am Blute der Gerechten'" (Matthäus 27,24). In der Folge verstarb der etwa 33-jährige Mann am Kreuz und soll nach drei Tagen wieder auferstanden sein.

Die Erzählung von Jesus Christus ist natürlich ein Fall für Theologen und Philosophen, aber auch einer für Rechtsexperten. Die Fragen sind: War die Zeugenaussage (Verrat) von Judas für 30 Silberlinge erkauft worden oder glaubwürdig (fehlerhafte Beweisführung)? War die ganze Angelegenheit ein politischer Schauprozess? Handelte es sich um Polizeiwillkür? Oder geht es in diesem Fall gar um einen Justizmord?

Bis ins 20. Jahrhundert haben Juristen immer wieder versucht, mit Revisionsanträgen das vermeintliche Fehlurteil gegen Jesus Christus nachträglich aufzuheben. Im Juli 1972 hat der Oberste Gerichtshof von Israel das letzte bekannte Wiederaufnahmeverfahren eingestellt. Seine Begründung: Es handle sich um ein historisches, nicht um ein juristisches Problem.

Was ist ein Justizirrtum?

Komplizierte Definition, verwirrende Begriffe

Fälle wie dieser wahrscheinlich spektakulärste Prozess der Geschichte, aber auch weitaus weniger erregende Auseinandersetzungen oder folgenreiche Verfahren werfen eine grundlegende Frage auf, die bis heute nur anhand von Beispielen zu beantworten ist. Und die einer grundlegenden Definition, die auch in Recht gegossen werden kann, noch immer harrt: Was ist und worin besteht überhaupt ein Justizirrtum?

Die Suche nach Antworten auf diese Frage hat bereits zu fürchterlichen Kriegen geführt – das beginnt bei den brutalen Genoziden im Zuge der Völkerwanderung, geht weiter zu den Kreuzzügen oder den Hexenverfolgungen, die in unzähligen Gräueltaten mündeten, und findet selbst in den Massakern des Zweiten Weltkriegs kein Ende.

Denn egal, wie ein Justizsystem konstruiert ist, es ist immer eine Funktion des jeweils herrschenden politischen Regimes. Aber nur allzu oft, selbst in entwickelten Demokratien, klaffen Recht und Gerechtigkeit weit auseinander. Dieser Fragenkomplex ist im Grunde auch so etwas wie die philosophische Suche nach dem heiligen Gral: des ewig Wahren.

Leider wurde eine Antwort darauf bis heute nicht gefunden.

Also sind die Menschen dieser Welt nicht mit dem Gerichtshof des Jüngsten Tages, sondern mit Gerichten konfrontiert, die Tag für Tag irdisches Recht sprechen. Meist tun sie das ziemlich gut. Nicht umsonst werden viele Verbrecher hinter Gitter geschickt. Dank vernünftiger Abwägung aller Indizien durch die Richter gehen auch etliche Unschuldige frei. Und in den meisten Fällen kommt der bereits erwähnte, aus dem römischen Recht abgeleitete Ansatz „in dubio pro reo" – „im Zweifel für den Angeklagten" – zur Anwendung.

Aber nicht immer.

Denn dass sich das Phänomen Justizirrtum im Rahmen der Rechtsprechung wieder und wieder einschleicht, ist unbestritten. Das lässt sich durch Beispiele sonder Zahl belegen. Etwa folgende, die in loser Reihenfolge eine Ahnung von der Vielfältigkeit aller nur möglichen Formen von Justizirrtümern vermitteln.

Es sind Fälle aus verschiedenen Zeiten und unterschiedlichen Ländern:

- Johann Heinrich Waser (Statistiker) wurde wegen einer Presseveröffentlichung und wegen Bücherdiebstahls 1780 in Zürich hingerichtet.
- Alfred Dreyfus wurde für einen von Major Walsin-Esterhazy begangenen Geheimnisverrat zu lebenslänglicher Verbannung auf der Teufelsinsel verurteilt. Sein Prozess führte zur „Dreyfus-Affäre".
- Adolph Beck verbrachte zwischen 1896 und 1904 mehrere Jahre für vom Trickbetrüger John Smith begangene Straftaten im Gefängnis.
- George Edalji wurde 1903 verurteilt, ein Pferd verstümmelt und lebensgefährlich verletzt zu haben. Er verbrachte drei Jahre unschuldig im Zuchthaus.
- Der Pole Josef Jakubowski wurde 1926 in Deutschland für einen Mord hingerichtet, den er nicht begangen hatte. Der wirkliche Täter legte zwei Jahre später ein Geständnis ab.
- Die italoamerikanischen Arbeiter Sacco und Vanzetti wurden 1927 für einen doppelten Raubmord hingerichtet. Das Urteil ist bis in die Gegenwart umstritten.
- Philipp Halsmann wurde 1928 trotz fragwürdiger Beweislage wegen angeblicher Tötung seines Vaters zu zehn Jahren Kerker verurteilt.
- Timothy Evans wurde 1950 irrtümlich für einen vom Serienmörder John Christie begangenen Mord hingerichtet.
- Derek Bentley wurde 1953 für einen von einem Komplizen begangenen Mord an einem Polizisten hingerichtet.

- Caryl Chessman wurde für mehrere Raubüberfälle und Vergewaltigungen zum Tode verurteilt und 1960 nach zwölf Jahren in der Todeszelle hingerichtet, obwohl seine Schuld stark umstritten war.
- Sam Sheppard wurde 1954 für den Mord an seiner schwangeren Frau verurteilt und verbrachte zehn Jahre im Gefängnis, obwohl ein Einbrecher den Mord begangen hatte.
- Hans Hetzel saß 14 Jahre für einen angeblich begangenen Mord unschuldig im Gefängnis, bis er 1969 freigesprochen wurde.
- James Hanratty wurde 1962 für einen Mord an Michel Gregsten hingerichtet, obwohl es im Prozess zu widersprüchlichen Zeugenaussagen gekommen war und starke Zweifel an seiner Schuld bestanden.
- Steven Truscott wurde 1959 im Alter von 14 Jahren als Jüngster in der kanadischen Justizgeschichte zum Tode verurteilt, nach zehn Jahren Haft freigelassen und 2007 nachträglich freigesprochen. Sein Fall trug maßgeblich zur Abschaffung der Todesstrafe in Kanada bei.
- Pierre Jaccoud wurde 1960 wegen Mordes an Charles Zumbach zu sieben Jahren Haft verurteilt, obwohl nie eindeutige Beweise für eine Schuld vorlagen.
- Vera Brühne wurde 1962 trotz sehr schwacher Indizienlage mit ihrem Mitangeklagten Johann Ferbach wegen gemeinschaftlichen Doppelmordes an dem in Geheimdienstaktivitäten verwickelten Münchener Arzt Dr. Praun und seiner Haushälterin zu lebenslänglichem Zuchthaus verurteilt und erst 1979 von Franz Josef Strauß unter der Bedingung begnadigt, dass die Hintergrundrecherchen eines Journalisten zunächst nicht veröffentlicht würden, um einen politischen Skandal zu vermeiden.
- Fritz Teufel verbrachte in den 1970er Jahren zwei Jahre im Gefängnis für das Herstellen von Brandsätzen, obwohl keine Beweise für eine Beteiligung Teufels vorlagen.

- Die „Guildford Four" (Paul Hill, Gerry Conlon, Patrick „Paddy" Armstrong und Carole Richardson) wurden 1975 für IRA-Bombenanschläge, die sie nicht begangen hatten, zu jeweils mindestens 30 Jahren Haft verurteilt. Die Urteile wurden 1989 schließlich aufgehoben. Der britische Premierminister Tony Blair rang sich im Jahr 2005 zu einer offiziellen Entschuldigung für das Fehlurteil durch. Die Geschichte der „Guildford Four" wurde unter dem Titel „Im Namen des Vaters" verfilmt.
- Christian Ranucci wurde 1976 für einen Mord hingerichtet. Das Urteil ist umstritten, da die Untersuchung des Falles aus heutiger Sicht mangelhaft erscheint.
- Stefan Kiszko wurde 1976 fälschlicherweise wegen Mordes an der elfjährigen Lesley Molseed verurteilt. Das Urteil wurde erst 1992 revidiert, Kiszko starb kurz nach seiner Entlassung aus der Haft. Der Fall wurde 1998 in „A Life for a Life" verfilmt. 2007 wurde Ronald Castree für dieses Verbrechen verurteilt.
- John Demjanjuk wurde für seine angebliche Tätigkeit im Konzentrationslager Treblinka 1988 zum Tode verurteilt und später begnadigt, da die Beweise für seine Schuld umstritten waren.
- Bernd Herbort wurde im Mai 1989 zu Unrecht wegen angeblichen sexuellen Missbrauchs seiner Tochter zu 18 Monaten Freiheitsstrafe auf Bewährung verurteilt.
- Donald Stellwag saß acht Jahre zu Unrecht wegen eines 1991 in Nürnberg stattgefundenen Bankraubes mit Geiselnahme im Gefängnis.

Die Varianten des Justizirrtums

Unschuldig verurteilt, Freispruch trotz Schuld, falsches Strafmaß

Im Wesentlichen ergeben sich aus diesen und Legionen anderer Beispiele drei grundsätzliche Möglichkeiten eines Justizirrtums:

- Eine unschuldige Person wird zu Unrecht verurteilt und hinter Gitter geschickt, im schlimmsten Fall hingerichtet. Stellvertretend für diese Variante steht etwa der Fall von Jerry Miller aus Chicago, der wegen Vergewaltigung 25 Jahre unschuldig im Hochsicherheitstrakt saß, mehr Jahre, als er bis dahin in Freiheit verbracht hatte. Erst 2006 erwies ein DNA-Test seine Unschuld. Er wurde aber nur mit einer läppischen Entschädigung entlassen.
- Eine schuldige Person wird zu Unrecht freigesprochen (oder unvorsichtigerweise freigelassen) und verübt zum Schluss auch noch weitere Verbrechen. Ein besonders zynischer Fall, der in die Matrix dieser Variante fällt, ereignete sich vor einigen Jahren in Großbritannien: Ein Mann war angeklagt, seine Frau über dem Meer aus dem Flugzeug gestoßen zu haben. Er wurde freigesprochen. Kurz darauf veröffentlichte er in der lokalen Boulevard-Presse eine Artikelserie unter dem Titel „Wie ich meine Frau tötete", die ihm einen Haufen Geld eingebracht hat. Man konnte ihm nach britischem Recht nichts anhaben. Der Prozess wurde nie wieder aufgerollt. Hierzulande hätten diese „neuen Tatsachen und Beweismittel" wohl zu einem Wiederaufnahmeverfahren geführt.
- In der dritten Variante von Justizirrtümern wird das Strafmaß eines Urteils als fehlerhaft bemessen erachtet. Denn manchmal ist ein Mord ein Totschlag, oder auch umgekehrt. In vielen Fällen dürfte sich bei einer Wiederaufnahme des Verfahrens das korrigierte Urteil zu Ungunsten des Angeklagten auswirken.

Bemerkenswert ist auch, dass es den Terminus technicus „Justizirrtum" als Fachbegriff gar nicht gibt. Er existiert nur im allgemeinen Sprachgebrauch, hat sich aber in diesen mit besonderer Beharrlichkeit eingegraben. Laut der freien Enzyklopädie „Wikipedia" ist darunter Folgendes zu verstehen:

„Ein Justizirrtum ist ein Fehler der Justiz, der in einer gerichtlichen Entscheidung (Urteil, Beschluss, Verfügung) Niederschlag gefunden hat und auf einer Fehlvorstellung beruht. Im Unterschied zur Rechtsbeugung, die ein Tatbestand des Strafgesetzbuches ist und vorsätzliches Handeln voraussetzt, setzt der Justizirrtum eine Fehlvorstellung des oder der Entscheidenden über die Wirklichkeit voraus. Diese Fehlvorstellung kann in rechtlicher oder tatsächlicher Hinsicht, also entweder im Hinblick auf das anzuwendende Recht oder bezüglich der gerichtlich festgestellten Tatsachen bestehen. Justizirrtümer sind auf allen Feldern der Justiz (Strafrecht, Zivilrecht, öffentliches Recht) denkbar.

Die Schwierigkeit bei der Abgrenzung von Justizirrtümern ergibt sich daraus, dass das Recht als Maßstab der Entscheidung notwendigerweise eine gewisse Unschärfe (Unbestimmtheit) aufweist, die sich bei seiner Anwendung (auch in der Feststellung des Sachverhaltes mithilfe des Beweisrechts) noch vergrößert: Wenn der rechtliche Gehalt einer Regel feststeht, ist es häufig noch eine Frage der Anwendung durch die Entscheidenden, ob und welche Folgen die Regel für einen (bestimmten) Fall hat. Zwischen dem Justizirrtum als Fehler und einer richtigen Entscheidung ergibt sich deshalb eine Grauzone. Die Hinrichtung eines irrtümlich zum Tode Verurteilten wird deswegen von Kritikern der Todesstrafe gelegentlich als Justizmord bezeichnet.“

Natürlich ist die Fehleranfälligkeit des Justizsystems seit Langem überliefert. Für die literarisch-systematische Darstellung von Fehlurteilen gibt es sogar die eigene Gattungsbezeichnung „Pitaval“, die sich vom französischen Schriftsteller François Gayot de Pitaval ableitet. Kurz vor Beginn des Ersten Weltkrieges, in den Jahren 1911, 1913 und 1914 haben die beiden Rechtsanwälte Erich Sello und Max Alsberg sowie der Richter Albert Hellwig in drei Standardwerken anhand etlicher exemplarischer Fälle beeindruckend auf das Problem des Irrtums in der Strafjustiz hingewiesen. Und der Tübinger Professor Karl Peters legte Anfang der 1970er Jahre mit seiner umfassenden Untersuchung über „Fehlerquellen im Strafprozess" ein Werk vor, an dem bis heute kein Rechtsexperte vorbei kann (siehe auch Kapitel „Die häufigsten Gründe für einen Justizirrtum", S. 35 ff.).

Dennoch kommt in einschlägigen österreichischen Gesetzen der Begriff „Justizirrtum" überhaupt nicht vor. Lediglich das Wort „Rechtsirrtum" findet sich im „Österreichischen Allgemeinen Bürgerlichen Gesetzbuch" in zwei Paragrafen, und dort auch eher im Zusammenhang mit falschen Auslegungen einer bestimmten Gesetzeslage durch Personen, die Gerechtigkeit, wie sie diese sehen, suchen (meist in zivilen geschäftlichen Angelegenheiten, wie etwa beim Konsumentenschutz).

Manchmal jedoch – allerdings äußert selten – verirrt sich der Begriff „Rechtsirrtum" auch in einschlägige hiesige Gerichtsakten, wie folgender Fall zeigt: Im Jahr 2006 wollte ein Wiener Geschworenengericht einen 22-jährigen Vater „nur" wegen fahrlässiger Tötung schuldig sprechen. Er hatte sein kleines Baby Iris-Maria, weil es immer laut schrie, so lange geschüttelt, brutal geschlagen und ihm ein Polster vors Gesicht gedrückt, bis es tot war.

Die Berufsrichter setzten diesen Spruch der Laienrichter wegen eines drohenden Fehlurteils – und wohl auch wegen der aufgeheizten Stimmung in der Bevölkerung – mit dem Hinweis auf „Rechtsirrtum" sofort aus. Der Prozess wurde Mitte Oktober 2006 – ebenfalls vor einem Laiengremium – wiederholt und der Vater nun wegen Quälens einer wehrlosen Person mit Todesfolge zu der höheren Strafe von acht Jahren Haft verurteilt.

Fälle wie dieser führen immer wieder zu heftigen Diskussionen über die österreichische Praxis der Geschworenen-Gerichtsbarkeit. Geschworenengerichte bestehen aus drei Berufsrichtern und acht Laien, die nach einem nicht ganz leicht zu durchschauenden Zufallsprinzip ausgewählt werden. Sie kommen bei

Straftaten, die mit lebenslanger Freiheitsstrafe oder mit Freiheitsentzug von mindestens fünf bis über zehn Jahren geahndet werden, zum Zug. Paradebeispiel dafür ist der Mord. Entscheidungen erfolgen nach dem Mehrheitsprinzip (mindestens fünf gegen drei Stimmen).

„Mittelschwere Verbrechen" – darunter fallen auch Vergewaltigungen – werden meist vor Schöffensenaten abgehandelt. Hier beraten die Schöffen mit den Berufsrichtern und bringen im Idealfall eine gemeinsame Entscheidung zustande. Beim Wahrspruch durch ein Geschworenengericht hingegen – schuldig oder nicht schuldig – haben die Berufsrichter nichts mitzureden. Erst bei der Bemessung des Strafausmaßes gehen Geschworene und Richter wieder Hand in Hand vor. Es sei denn, die Berufsjuristen wittern einen „Rechtsirrtum" wie im Fall Iris-Maria und setzen das Urteil aus.

Der Strafrichter am Landesgericht Korneuburg, Manfred Hohenecker, kommentierte diese Praxis gegenüber der Zeitschrift „profil" im Jahr 2003 mit diesen Worten: „Das ist eigentlich so, als würde man bei einer Blinddarmoperation Leute von der Straße um Rat fragen. Und bei einer Herztransplantation überlässt man den Laien gleich das Skalpell."

Wie oft die Berufsrichter wegen eines vermeintlichen „Rechtsirrtums" jedoch die Reißleine ziehen, ist nicht bekannt. Das Justizministerium führt darüber, wie es selbst zugibt, keine Statistiken, und die letzten Untersuchungen zu diesem Thema sind über 20 Jahre alt. Im Jahr 1985 sind bei insgesamt 252 Geschworenengerichtsverfahren sieben Wahrsprüche ausgesetzt worden. 1986 wurden bei rund 150 Verfahren drei Aussetzungen verzeichnet, und 1987 waren es vier. Alle 14 damals untersuchten Aussetzungen erfolgten „zum Nachteil" des Angeklagten. Im Klartext: Die Geschworenen hatten nach Ansicht der Berufsrichter zu milde geurteilt. Sektionschef Roland Miklau, der inzwischen pensionierte ehemalige Leiter der Abteilung Straflegistik im Justizministerium, meinte 2003 gegenüber

„profil", dass dieser Befund auch heute noch „im Großen und Ganzen gültig ist".

Dazu der prominente Wiener Rechtsanwalt Richard Soyer, der wesentlich an der Reform der Strafprozessordnung, die am 1. Jänner 2008 in Kraft getreten ist, mitgearbeitet hat: „Der Begriff ‚Rechtsirrtum' kommt in der Rechtsprechung nur ganz selten vor. Der Ausdruck ‚Fehlurteil' existiert in Gesetzestexten praktisch gar nicht. Lediglich im Sinne der Wiederaufnahmebestimmungen der Strafprozessordnung wird darauf hingewiesen, dass ein Fehlurteil ein auf der Tatsachenebene unrichtiges Urteil ist. Der Begriff wird sonst hauptsächlich nur im juristisch-akademischen Diskurs gebraucht. Und das Wort ‚Justizirrtum' sucht man in der einschlägigen juristischen Fachliteratur meist vergebens. Dennoch existieren Justizirrtümer, denn jedes komplexe Gefüge ist irrtumsanfällig. Wie viele es allerdings sind oder waren, weiß niemand. Die einzige Möglichkeit, das herauszufinden, ist die Analyse von Wiederaufnahmeverfahren, wie ich es getan habe. Aber ich habe auch nur einen bestimmten Zeitraum untersucht" (siehe auch das Kapitel über Wiederaufnahmeverfahren, S. 47 ff.).

Von völlig überraschender Seite wird sogar argumentiert, dass es – zumindest im österreichischen Rechtssystem – gar keine Justizirrtümer geben könne. Dieser Standpunkt – der selbst in Fachkreisen mehr als umstritten ist – wird von niemand Geringerem als dem Generalsekretär von „Amnesty International Österreich", Heinz Patzelt, vertreten. Er ortet zwar „unerträgliche" Strukturfehler im System. Vor allem, was die oft quälend lange Dauer von Verfahren, mitunter auch wegen zu wenig Personal bei Richtern und Staatsanwaltschaften, angeht, wovon meist ausländische Minderheiten betroffen sind. Aber er hält es „für wirklich gut und beispielgebend für die ganze Welt".

Patzelt steht zu folgender Meinung: „In unserem Rechtssystem sind durch die Möglichkeit des Ganges durch die Instanzen und vielfältigen Einspruchsvarianten etliche Korrektive eingebaut, um einen potenziellen Irrtum vermeiden zu können. Und durch den Grundsatz ‚Im Zweifel für den Angeklagten' wird vom Gericht für diesen, auch wenn er vielleicht tatsächlich schuldig sein sollte, lieber ein Freispruch gefällt, als sich selbst eines möglichen Irrtums schuldig zu machen. Das System versucht also, eher einen Justizirrtum zu vermeiden, als wegen eines Irrtums einen Unschuldigen hinter Gitter zu verfrachten."

Ex-Sektionschef Roland Miklau, der in seiner Pension den Staat Albanien bei der Reform des dortigen Justizwesens im Auftrag der EU berät, schlägt in eine ähnliche Kerbe: „Patzelt liegt nicht ganz falsch. Die Philosophie unserer Rechtsordnung lässt sich auf einen einfachen Nenner bringen: Lieber zehn Schuldige freisprechen, als einen Unschuldigen verurteilen."

Andere Experten halten eine derartige Argumentation durch die Bank für rein akademisch, wenn nicht sogar für völlig abgehoben. „Abgesehen davon, dass auch ein Freispruch ein Justizirrtum sein kann", sagt Arno Pilgram vom Wiener Institut für Rechts- und Kriminalpsychologie, „hält ein derart hehres Wunschdenken einer Überprüfung in der Praxis nicht stand. Permanent haben wir es mit Fehlurteilen zu tun, die aus vielerlei Gründen entstehen können. Das reicht von mangelhaften bis unprofessionellen Ermittlungen, falscher Beweiswürdigung, dilettantischen Gutachten, voreingenommenen oder von öffentlichem Druck beeinflussten Richtern und Geschworenen bis hin zu schlichter Unfähigkeit, meist von Verteidigern, sowie einfach der Überlastung von Gerichten. Und der größte Justizirrtum überhaupt ist es, zu glauben, mit strengeren Strafen mehr Sicherheit erreichen zu können. Das ist eine reine Irrlehre."

Rechtsanwalt Richard Soyer, der auch als Universitätsprofessor am Institut für Strafrecht, Strafprozessrecht und Kriminologie an der Karl-Franzens-Universität Graz sowie an der Universität Wien lehrt, sieht das ziemlich ähnlich: „Justizirrtümer sind prinzipiell unvermeidbar. Denn der menschlichen Erkenntnis sind nun einmal Grenzen gesetzt. Die

Wirklichkeit hat viele Facetten und ist im Nachhinein leider nicht nachvollziehbar. Schon alleine deswegen, weil weder jene, die ermitteln, noch jene, die urteilen, bei der Tat dabei waren. Und Zeugen können sich (...) falsch oder bruchstückweise erinnern oder lügen einfach. Es gibt keine absolute Wahrheit. Deswegen muss man auch den Begriff ‚Justizirrtum' entzaubern. Es ist nun einmal so, dass Irren menschlich ist."

Das Paradebeispiel eines Justizirrtums in Österreich ist der Fall des aus Gmunden stammenden Peter Heidegger. Er wurde 1994 wegen des vermeintlichen Mordes an der Salzburger Taxilenkerin Claudia Deubler zu 20 Jahren Haft verurteilt – und zwar völlig unschuldig.

In diesem Verfahren kam ein Gesetz zur Anwendung, das universell ist: Murphy's Law. Denn es ging so gut wie alles schief – von der Ermittlungsarbeit bis zum Verhalten des Justizapparates –, was nur falsch laufen kann.

Heidegger saß 2865 Tage zu Unrecht hinter Gittern. Über seine Causa wurden inzwischen ein Buch sowie unzählige Medienberichte veröffentlicht. Es ist der größte Justizirrtum der jüngeren österreichischen Rechtsgeschichte. Hier die Story seines Schicksals im Detail.

Acht geraubte Jahre

Der Fall Peter Heidegger
Salzburg, 1993–2007

Sie verhafteten ihn an einer Straßenkreuzung in Gmunden. Zerrten ihn aus dem Auto seiner Freundin, verpassten ihm Handschellen und brachten ihn zum Verhör. Im Stakkato prasselten die Fragen auf Peter Heidegger ein: Wo er die letzten drei Tage war, was er am vergangenen Montag getan hätte, warum er vom Bundesheer abgehauen wäre, wieso er ständig

Lügen auftische. Dann: Ob er sich jetzt gut vorkäme, jetzt, als Mörder.

In diesem Moment begreift Peter Heidegger, dass es nicht um seine Desertion geht, dass ihn die Kriminalbeamten nicht deshalb verhören, weil er nicht in die Salzburger Schwarzenbergkaserne zurückgekehrt ist. Stattdessen wird dem Präsenzdiener klar: Es geht um Mord, und er ist der Tatverdächtige.

Die Kripo dreht ihn durch die Mangel, zuerst am Gendarmerieposten in Gmunden, danach in Salzburg. Die Beamten legen ihm Fotos des Mordopfers vor, beschimpfen ihn, stellen ihm die Einweisung in eine Anstalt für geistig abnorme Rechtsbrecher in Aussicht. Sie unterbrechen die Vernehmung, stecken ihn in eine Zelle, holen ihn bald wieder in den Verhörraum, setzen ihm weiter zu: Er solle endlich gestehen, sein Leugnen mache alles nur schlimmer, dann bekäme er vor Gericht die Höchststrafe.

Peter Heidegger beteuert, er habe keinen Mord begangen. Die Beamten erklären ihm, sie hätten alle Beweise, um ihn zu verurteilen: Zeugen, Fingerabdrücke, Haare. Heidegger schwört, er sei kein Mörder, nicht einmal am Tatort in Salzburg sei er gewesen, sondern daheim bei seiner Mutter in Gmunden. Sie versprechen, wenn er gestehe, käme er mit einer geringeren Strafe davon, der tödliche Schuss könne sich ja vielleicht unabsichtlich gelöst haben. Heidegger leugnet weiter, sagt, er könne niemals einen Mord begehen. Sie rufen einen weiteren Beamten, einen „guten Kampfsportler", wie sie sagen. Heidegger streitet alles ab. Sie erklären ihm, man werde ihn in den Keller sperren und eine Nacht lang „beleuchten". Peter Heidegger leugnet, leugnet wieder, leugnet abermals.

Doch schließlich gesteht er. Er gesteht, damit der Albtraum ein Ende hat. Er gesteht nach und nach jene Sachverhalte, die ihm die Beamten unablässig an den Kopf werfen. Er gesteht, widerruft aber gleich wieder, bricht die Niederschrift ab, weil kein Wort von seinem Geständnis stimme. Dann gesteht Heidegger neuerlich, weil er psychisch am Ende ist, weil er nur noch Ruhe will. „Ich wusste nicht mehr, was ich machen soll", wird er später festhalten. „Nervlich war ich fertig."

Peter Heidegger, zu dem Zeitpunkt 19 Jahre alt und gelernter Fliesenleger, gesteht an diesem 9. Juli 1993 einen Mord. Er gesteht, vier Tage zuvor, am Montag, den 5. Juli zwischen 23.00 und 23.30 Uhr, im Salzburger Ortsteil Wals-Käferheim die 28-jährige Taxilenkerin Claudia Deubler beraubt und erschossen zu haben.

Er gibt zu, in den blauen Ford Sierra Kombi der 175 Zentimeter großen blonden Frau gestiegen und mit ihr bis zur Zufahrtsstraße eines alten Schotterwerks in Käferheim gefahren zu sein, rund 20 Minuten von der Salzburger Innenstadt entfernt. Er gibt zu, Claudia Deubler zirka 3000 Schilling (etwa 215 Euro) geraubt und ihr einen Signalstift der Marke „Erma SG 67" an den Hals gesetzt zu haben. Er gibt zu, den Signalstift – ein Gerät, das Bergsteiger zum Verschießen von Leuchtmunition verwenden – mit der rechten Hand aus nächster Nähe abgefeuert zu haben, wodurch die Frau einen Streifschuss am Kinn, einen sieben Millimeter breiten Einschusskanal im Bereich des Kehlkopfes sowie eine Austrittswunde am Nacken erlitt, knapp rechts der Mittellinie. Zur Todesursache wird die Gerichtsmedizin konstatieren: „Halsdurchschuss mit Abtrennung des Halsmarks."

Heidegger gibt zu Protokoll, nach dem Raub geflüchtet zu sein und die Tote in ihrem schräg zum rechten Fahrbahnrand geparkten Wagen in jener Position zurückgelassen zu haben, in welcher sie Passanten in der Nacht zum 6. Juli 1993 fanden: vollständig bekleidet, auf der Straße neben der Fahrerseite ihres Fords liegend, Oberkörper gegen den Wagen gelehnt, Blutspuren an der Bluse, Blutkrusten im Haar.

Heidegger schildert der Kripo einen Tathergang, der sich niemals so zugetragen, beschreibt die Tötung, wie sie niemals stattgefunden haben kann. Er gesteht den Mord, weil er glaubt,

27

dass sich alles irgendwann von selbst aufklären wird, dass die Wahrheit ohnehin ans Licht kommen muss – dann, wenn nur diese Nacht und dieser Albtraum endlich vorbei sind.

Er hat recht behalten. Allerdings sollte es zehn Jahre dauern, bis der Albtraum zu Ende ging.

*

Am 10. Juni 1994 wird Peter Heidegger wegen Mordes zu 17 Jahren Haft verurteilt. Im November 1994 wird das Strafmaß auf 20 Jahre erhöht, zu verbüßen in der Justizanstalt Stein in Krems.

Das Belastungsmaterial, auf das die Geschworenen ihren Wahrspruch stützen konnten, war ziemlich dünn. Was die Staatsanwaltschaft hatte: den Signalstift, aufgefunden in der Wohnung der Familie Heidegger in Gmunden; einen Kellner einer Pizzeria in Tatortnähe namens Matiar B., der behauptete, in der Tatnacht einen Wehrdiener als Autostopper mitgenommen zu haben. Er hätte sich, so Matiar B., das Wehrdienstbuch zeigen lassen und darin den Vornamen „Peter" sowie ein Abrüstungsdatum lesen können. Zudem lag das verhängnisvolle Geständnis Heideggers vor – das dieser jedoch sofort nach dem Erstkontakt mit seinem Pflichtverteidiger endgültig widerrief. Auch im Prozess bestritt Heidegger stets die Tat und erklärte, nur aufgrund des massiven Drucks der Kripo gestanden zu haben.

Was die Staatsanwaltschaft nicht hatte: den Hauch eines Sachbeweises. Denn anders als von den Ermittlern in den Verhören behauptet, sah die Realität so aus: Eine Analyse der in Deublers Auto sichergestellten Haare und Textilfasern unterblieb, Fingerabdrücke konnten angeblich nicht gesichert werden. Matiar B.'s Wagen – in dem Heidegger ja angeblich mitfuhr – wurde erst gar nicht auf Fingerabdrücke untersucht, ebenso wenig Deublers einige Zeit nach dem Mord entdeckte Brieftasche. Es gab keine Schmauchspuren an Heidegger, es gab kein Projektil, keine Patronenhülse.

Genau genommen gab es nicht einmal eine Tatwaffe: Ein Signalstift könnte weder eine Wirbelsäule durchschlagen noch eine Austrittswunde von sieben Millimetern verursachen. In den Worten des Schussexperten Guido Zobl: Der Signalstift sei „als Tatwaffe völlig auszuschließen".

Die Ermittlungsbehörden lösten das Problem der fehlenden Mordwaffe mit Kreativität: Wenn man mit einem Signalstift keinen Menschen erschießen könne, habe Heidegger eben einen zusätzlichen Pistolenlauf angefertigt und auf den Signalstift geschraubt. Ein solcher Lauf wurde nie gefunden – er existierte stets nur in den Mutmaßungen von Kripo und Staatsanwaltschaft.

Was Polizei, Ankläger und Geschworene ignorierten: Heidegger hatte ein Alibi. Nicht nur sagte seine Mutter Elfriede vor Gericht aus, ihr Sohn sei zur Tatzeit zu Hause in Gmunden gewesen – fast 100 Kilometer von Salzburg entfernt –, auch bestätigten mehrere Bekannte Heideggers, ihn am fraglichen Abend in Lokalen in Gmunden gesehen zu haben. Die Reaktion von Staatsanwältin Barbara Feichtinger: Sie setzte die Entlastungszeugen mit Anzeigen wegen falscher Zeugenaussage unter Druck.

Was weiters ignoriert wurde: dass der Zeuge Matiar B. niemals ein Abrüstungsdatum gelesen haben kann, weil im Wehrdienstbuch gar keines stand; dass Matiar B. Heidegger bei der Polizei erst als Täter identifizierte, als er von der Taxiinnung bereits 13.000 Schilling Belohnung (rund 930 Euro) für seinen schon zuvor medial publik gemachten Hinweis auf einen Soldaten kassiert hatte; dass Heideggers Schilderung der Tat in seinem Geständnis unmöglich stimmen konnte: unter anderem, weil Deubler nicht, wie von Heidegger angegeben, im Wageninneren erschossen worden sein konnte. Insgesamt sei Heideggers Tatversion, notierten sogar Ermittler, „in höchstem Grade unwahrscheinlich".

Und trotzdem: Zum Zeitpunkt der Verurteilung im Jahr 1994 hätte man noch einräumen können, dass der Fall ein tragischer

Justizirrtum war, dass die Umstände, vor allem das kurzfristig vorliegende Geständnis Heideggers, den Blick auf die wahren Sachverhalte verstellt hätten.

Schon bald konnte man dies nicht mehr konzedieren. Und spätestens Ende der 1990er Jahre, damals saß Peter Heidegger bereits sechs Jahre lang hinter Gittern, war evident, dass es hier nicht um einen Irrtum ging, nicht um einen bedauerlichen Fehler oder vielleicht eine fatale Verkettung mehrerer Missgeschicke. Vielmehr ging es nur noch darum, anfängliche Fehler nicht zugeben zu müssen. Es ging nur noch darum, auf einer einmal verfestigten Version eines Verbrechens zu beharren. Und es ging nur noch darum, ungeachtet aller Fakten an Peter Heidegger als Täter festzuhalten.

Die Causa Heidegger entwickelte sich vom Justizirrtum zum Justizskandal, weil ein paar Menschen nicht eingestehen wollten, einen Fehler gemacht zu haben. Eine menschliche Schwäche kostete Peter Heidegger die besten Jahre seines Lebens.

*

Auch nach dem Prozess schläft der Fall Heidegger nicht ein. Immer wieder erscheinen Medienberichte, in denen die Täterschaft Heideggers aufgrund der vorliegenden und stetig hinzukommender Indizien angezweifelt wird. Dies liegt zum einen an Elfriede Heidegger, die nicht müde wird, öffentlich die Unschuld ihres Sohnes zu beteuern. Dies liegt zum anderen an neuen Zeugen, die bemerkenswerte Aussagen machen. Dazu zählt zum Beispiel der Salzburger Wolfgang N., der als ehemaliger Söldner bezeichnet wird und Folgendes beobachtet haben will: Zwei junge Burschen hätten am Taxistandplatz am Salzburger Hanuschplatz, von dem Claudia Deubler zu ihrer letzten Fahrt aufbrach, mit einer großkalibrigen Waffe hantiert. Wolfgang N. meldet dies der Polizei sowie Staatsanwältin Barbara Feichtinger, ohne allerdings ernst genommen zu werden.

Spätestens im Jahr 1998 ist zumindest für all jene Journalisten, die den Fall kontinuierlich verfolgen, praktisch einwandfrei nachgewiesen, dass Peter Heidegger unmöglich der Mörder von Claudia Deubler sein kann. Die Salzburger Ermittlungsbehörden zeigen jedoch keine Anstalten, sich von den Fakten irritieren zu lassen.

Nicht davon, dass Franz Gerald Hitzenbichler, der neue Anwalt von Heidegger, im April 1998 einen sensationellen Fund präsentiert. Er habe einen Suchtrupp des Tauchklubs „Octopus" die Gegend um den Tatort durchkämmen lassen, vermeldet Hitzenbichler, und dieser habe eine alte, großkalibrige Waffe aufgespürt: eine Walther P38, neun Millimeter Parabellum, Baujahr 1943, stark korrodiert, was auf eine mehrjährige Liegezeit hindeutet. Die Waffe, ein halbautomatischer Rückstoßlader, ist mit sieben Patronen geladen, der Hahn ist gespannt, eine abgefeuerte Patronenhülse steckt im Laderaum.

Die Walther P38 ist bestens geeignet, einen Schusskanal von sieben Millimetern zu verursachen. Die Wehrmachtspistole P38, gefertigt in den Mauser-Werken in Oberndorf am Neckar, ist laut dem Sachverständigen Guido Zobl „als mögliche Tatwaffe im Mordfall Deubler durchaus relevant".

Die Justiz lässt sich auch nicht davon irritieren, dass sich ein weiterer Zeuge meldet, der immer wieder, gegenüber der Polizei und gegenüber mehreren Medien, dieselbe Aussage tätigt. Es ist eine sehr verblüffende Aussage: Daniel N., zur Tatzeit 15 Jahre alt, wolle nicht auf sich nehmen, dass ein Unschuldiger hinter Gittern sitzt, und gebe deshalb zu Protokoll: Er sei bei dem Mord dabei gewesen und ein damaliger Freund von ihm, der ebenfalls in Salzburg wohnhafte Tomi S., habe Deubler erschossen.

Daniel N.'s Tatversion: Er und Tomi beschließen, nach Amsterdam abzuhauen und brauchen Geld. Tomi verfällt auf die Idee, einen Taxifahrer auszurauben. Im Keller von N.'s Eltern finden die beiden eine alte, großkalibrige Pistole. Sie geben Probeschüsse ab. Die Pistole funktioniert. Tomi trägt die Waffe ab jetzt bei sich.

31

Die Nacht des 5. Juli 1993 nach N.'s Schilderung: Tomi S. und er steigen in Deublers Taxi, Daniel am Beifahrersitz, Tomi hinten, fahrerseitig. In der Nähe des alten Schotterwerks in Wals-Käferheim klagt Tomi über Übelkeit. Deubler hält an. Tomi öffnet die Türe. Deubler steigt aus. Tomi springt auf. Er reißt die Waffe hoch und erschießt Claudia Deubler.

Daniel N. laut Niederschrift: „Es machte einen Tusch, und die Taxlerin fiel sofort in sich zusammen. Sie fiel zusammen wie eine Puppe, wenn man die Schnur abschneidet."

Das Ende des Abends laut N.: Die beiden Burschen flüchten, teilen die Beute, werfen die Pistole über eine kleine Mauer ins Gebüsch. Daniel N. nennt jenen Ort, an dem Strafverteidiger Hitzenbichler die Walther P38 findet.

Die Reaktion der Ermittlungsbehörden auf N.'s Aussage: Er sei nicht glaubwürdig, könne kaum zwischen Fantasie und Realität unterscheiden, wolle sich bloß wichtig machen.

Vor allem Staatsanwältin Feichtinger sperrt sich vehement gegen alle Versuche, den Mordfall Deubler erneut einer Prüfung zu unterziehen. Sie negiert den Zeugen Wolfgang N., sie negiert den Zeugen Daniel N., und sie negiert auch den Zeugen Laszlo B., der behauptet: Im Februar 1995 sei er gemeinsam mit Tomi S., damals 18 Jahre alt, in der Strafanstalt München-Stadelheim eingesessen, beide wegen versuchter räuberischer Erpressung. Tomi und er seien eine Zeit lang die besten Freunde gewesen. Im Arbeitssaal 3B des Gefängnisses habe Tomi an diesem Vormittag erzählt, er sei noch in eine weitere Straftat verwickelt: in einen Mord, begangen in Salzburg an einer 28-jährigen Taxilenkerin namens Claudia Deubler.

*

Rechtsanwalt Franz Gerald Hitzenbichler findet, dass all das genügen muss, um den Mordfall neu aufzurollen. Er schreibt Anträge auf eine Wiederaufnahme, die jedoch abgewiesen werden, verfasst Berufungen, die durch die Instanzen wandern, schickt Beschwerden gegen negative Entscheide ab, beginnt den ganzen Spießrutenlauf wieder von vorn.

Es genügt nicht: Die Jahre vergehen, Heidegger schmort hinter Gittern in Stein an der Donau, Exekutive und Justiz mauern, Tomi S. bleibt auf freiem Fuß – auch als er 1999 wieder ein Verbrechen begeht: Tomi S., inzwischen 22 Jahre alt und wegen diverser Delikte vorbestraft, rammt dem Taxifahrer Hans-Peter Lackner aus Salzburg am 27. Februar 1999 gegen 23.00 Uhr ein Messer ins Gesicht, weil er als Fahrgast in dessen Wagen plötzlich und ohne erkennbaren Anlass in Wut gerät.

Die Dinge passen frappant gut zueinander: Der Schusskanal in Deublers Hals maß sieben Millimeter, eine P38 verursacht exakt eine solche Wunde; am Tatort wurde keine Patronenhülse gefunden, in der von Hitzenbichler aufgespürten Waffe steckte noch eine verschossene, leere Hülse; der Mord geschah 1993, die P38 wurde 1998 gefunden, Gutachter Zobl konstatierte eine Liegezeit von drei bis fünf Jahren; Daniel N. nannte die Tatwaffe alt und großkalibrig, die P38 entsprach exakt dieser Beschreibung; Daniel N. beschrieb den Ort, wo er und sein Kumpan die Pistole entsorgt hatten, genau dort stieß Hitzenbichlers Suchtrupp auf die P38; Daniels N.'s Schilderung der Tat passt perfekt zu den Erhebungen der Ermittler und Spurensicherer – ganz im Gegensatz zu Heideggers Geständnis. Und schließlich der Zeuge Wolfgang N., der von zwei Burschen berichtete, die am Hanuschplatz mit einer großkalibrigen Waffe hantiert hätten.

Heidegger bleibt weiterhin in Haft.

Um die Jahrtausendwende, als all die Fakten bereits längst bekannt sind, tätigen Vertreter der Salzburger Exekutive und Justiz gegenüber den Medien unter anderem folgende Aussagen:

Der Gendarmerie-Oberst Manfred Dürager sagt: „Nach menschlichem Ermessen wurde alles getan, um ausreichend Material beizuschaffen. Für mich ist der Fall abgeschlossen."

Herbert Haberl von der Salzburger Sicherheitsdirektion sagt: „Seitens der Kriminalabteilung wurde der Fall eingehend erhoben. Es gibt keinen Zweifel an der Seriosität der erhebenden Organe."

Helfried Scharmüller von der Anklagebehörde sagt: „Es wurde mit allergrößter Sorgfalt vorgegangen." Zu Hitzenbichlers Waffenfund erklärt Scharmüller: „Das ist ein eindrucksvoller Gag."

Staatsanwältin Barbara Feichtinger sagt: „Es gibt einen Wahrspruch der Geschworenen. Ich kann ja nicht endlos Beweise sammeln."

Auf Detailfragen, etwa, warum das Auto des Zeugen Matiar B. nie auf die Fingerabdrücke Heideggers überprüft wurde, meint Feichtinger: „Warum soll ich das Auto untersuchen, wenn der Verdächtige geständig ist?"

*

Irgendwann ist die Beweislast doch zu erdrückend, sind die Indizien für Heideggers Unschuld überwältigend. Bald gelingt es den Behörden nicht mehr, den Fall zu blockieren.

Im Jahr 2001 wird Franz Gerald Hitzenbichlers wiederholten Anträgen auf Wiederaufnahme des Verfahrens – entgegen allen Versuchen der Staatsanwaltschaft, dies zu verhindern – stattgegeben. Im selben Jahr wird Peter Heidegger nach acht Jahren Haft bis zum zweiten Prozess im Mordfall Deubler auf freien Fuß gesetzt.

Am 16. Mai 2003 erklären die Geschworenen den mittlerweile 29-jährigen Peter Heidegger wegen erwiesener Unschuld mit acht zu null Stimmen vom Mord an Claudia Deubler für frei.

Ein Jahr später werden Heidegger 950.000 Euro Haftentschädigung zugesprochen. Es ist die höchste Summe, die ein Justizopfer in Österreich jemals erhielt.

Nach dem Prozess wird Matiar B., der Hauptbelastungszeuge gegen Heidegger, wegen falscher Zeugenaussage angezeigt. Im

Frühjahr 2004 beginnen Voruntersuchungen gegen Tomi S. und Daniel N.

Am Dienstag, den 18. Dezember 2007, wird Tomi S. wegen Mordes endgültig schuldig gesprochen und zu zwölf Jahren Haft verurteilt. Er leugnet die Tat bis zuletzt.

Daniel N., sein Komplize und zugleich Kronzeuge in dem Fall, kommt mit sechs Monaten bedingter Haft davon. Das milde Urteil wird mit Daniel N.'s Reue und seinen nachhaltigen Bemühungen um die Aufklärung des Verbrechens begründet.

Einen Teil der an Heidegger ausbezahlten Haftentschädigung will sich der Staat zurückholen: Schließlich hätten die Ermittlungsbeamten geschlampt, sie hätten Fakten negiert, hätten Sachverhalte sogar verdreht. Strafrechtlich können sie wegen Verjährung zwar nicht mehr belangt werden. Dafür fordert die Finanzprokuratur als Vertreter der Republik von fünf Ermittlern im Mordfall Deubler 100.000 Euro Schadenersatz, pro Kopf 20.000 Euro.

Die Beamten wehren sich gegen die Forderung. Sie sehen das nicht ein. Sie wollen nicht zahlen. Sie verstehen nicht, was sie falsch gemacht haben.

Die häufigsten Gründe für einen Justizirrtum

Fehlerhafte Ermittlungen, fragwürdige Gutachten, mangelhafte Verteidigung

Die Ingredienzien, die im Fall Heidegger zu einem für Österreich nahezu beispiellosen Justizirrtum geführt haben, könnten fast für eine Bedienungsanleitung in Sachen Fehlurteile herhalten. Sie reichen von fehlerhaften und tendenziösen Ermittlungen der Polizei über erpresste Geständnisse bis hin zu einer kaum mehr tolerierbaren Beharrungs-Sturheit der heimischen Justiz.

Diese scheint tatsächlich systemimmanent zu sein, wie der Rechtswissenschafter Rudolf Machanek in seiner Fachschrift „Die Wiederaufnahme des Strafverfahrens de lege ferenda" bereits 1976 spitz anmerkte: Das Fehlen empirischer Daten und der Mangel an Transparenz erwecke laut Machanek den Eindruck, dass „der Rechtsstaat in einer Art Selbstbewahrung seine eigenen Mängel und Fehler mit dem Dunkel der Nacht verhüllt und den Staatsbürger vor der Erkenntnis verschont, dass auch das rechtsstaatliche Urteil mit einer bestimmten Quote von Fehlurteilen belastet ist".

Genau dies, gemeinsam mit anderen Motiven, dürfte für den Tübinger Universitätsprofessor Karl Peters mit ein Grund gewesen sein, sich einer juristischen Sisyphos-Arbeit anzunehmen: der Analyse von 1115 Wiederaufnahmefällen, die, wie sein Kollege Richard Soyer bescheiden schreibt, „den Blick für das Vorverfahren als Fehlerquelle im Strafprozess geschärft haben". 1972 legte Peters sein umfangreiches Werk „Fehlerquellen im Strafprozess" im Verlag C. F. Müller, Karlsruhe, vor. Es gilt bis heute als unerreicht.

Peters kommt in seinen „systematischen Untersuchungen und Folgerungen" sehr verkürzt zu folgenden drei Hauptergebnissen. Justizirrtümer entstehen hauptsächlich dann, wenn entweder

- fehlerhaft oder unzulässig ermittelt wird;
- Verfahrensmängel anfallen, wie etwa die Abwesenheit eines Anwalts bei Verhören;
- oder Sachverständige schlicht und einfach falsche Gutachten abliefern.

Peters zieht nach der Überprüfung seiner umfangreichen Dokumentation, deren Veröffentlichung einen eigenen Band erforderte, den Schluss, „dass Fehler und Mängel des Ermittlungsverfahrens in aller Regel in der Hauptverhandlung nicht mehr zu beseitigen sind. Wie das Hauptverfahren ausgeht, wie die Hauptverhandlung abläuft und wie das Urteil ausfällt, ist weitgehend durch das Vorverfahren bestimmt. In der Hauptverhandlung wiederholt sich die im Ermittlungsverfahren durchgeführte Beweisführung. Das Gericht übt im Wesentlichen eine Kontrollfunktion aus. Infolge der engen räumlichen und zeitlichen Bindung der Hauptverhandlung ist eine wirklich selbstständige Untersuchung nicht durchzuführen. Diese Kontrollfunktion stellt zwar eine wichtige Aufgabe für die Sicherung von Recht und Gerechtigkeit und die Wahrheitsfindung dar. Aber dennoch ist Wesentliches vorbestimmt durch das, was im Vorverfahren an Beweisen aufgenommen worden ist und wie die Beweise gewertet worden sind. Nicht immer gelingt es dem Gericht, den Fehlverlauf der Ermittlungen zu durchbrechen, und, wo dieser durchbrochen wird, kann es nur selten eine völlig neue, einwandfrei gesicherte Beweislage schaffen." Soweit die ernüchternde juristische Expertise Peters.

Zusammenfassend hier die wichtigsten Polizeifehler, die Peters als Gründe eines späteren Justizirrtums untersucht und ausfindig gemacht hat:

- Zu spät einsetzende Ermittlungen: Egal, ob es sich nun um Straftaten wie Mord, Totschlag, Körperverletzung mit Todesfolge, Brandstiftung, Raub, Einbruch oder Verkehrsdelikte handelt – es kommt immer darauf an, wie schnell die Ermittler am Tatort sind. Nicht immer haben sie darauf Einfluss. Manchmal wird ein Verbrechen erst Wochen, Monate oder Jahre danach ruchbar oder werden Leichen erst lange später im Verwesungszustand gefunden, wenn überhaupt. Manchmal wird ein Einbruch wenige Stunden nach dem Tatzeitpunkt gemeldet, und wichtige Spuren sind inzwischen beseitigt worden.

Aber manchmal sind die Verfolgungsbehörden auch selber schuld. Etwa dann, wenn sie statt eines Verbrechens einen Selbstmord, Doppelselbstmord oder einen Unglücksfall annehmen.

Und in der Folge nicht alle Beweisstücke berücksichtigen sowie den Tatort wieder freigeben. Stellt sich später heraus, dass die ursprüngliche Annahme falsch oder gar fahrlässig war, ist jede Tatrekonstruktion meist kaum mehr möglich. Denn es gibt keine auswertbaren Spuren mehr, eventuell wichtige Gegenstände sind unauffindbar, dem Justizirrtum sind Tür und Tor geöffnet.

Peters beschreibt beispielhaft und sehr anschaulich den Fall Nr. 1026 aus seiner Dokumentation – den Westerwalder Doppelmord aus dem Jahr 1919, dessen fehlerhafte Aufklärung auch heute noch genauso vorkommen könnte: „Zunächst wurden die Leichen der Ermordeten nicht unmittelbar nach der Tat aufgefunden. Ein Lokaltermin wurde erst kurz nach der Auffindung der ersten Leiche durchgeführt. Die Fundstelle wurde nicht rechtzeitig abgesperrt, sodass Neugierige alle Fußspuren vernichten konnten. Fotografische Aufnahmen fanden ungenügend statt. Die Umgebung des Tatortes wurde nicht sorgfältig abgesucht. Deswegen wurde der Rucksack des zweiten Ermordeten erst zwei Monate nach Auffindung der ersten Leiche entdeckt. Erst eine Woche später holte die Polizei den Rucksack ab. Dabei wurde die zweite Leiche gefunden. Erst drei Tage später wurde der neue Fundort vom Amtsrichter besichtigt. Eine gründliche Obduktion fand nicht statt. Das spätere Urteil beruhte auf einem unzureichenden Indizienbeweis mit bewusster Beweisverfälschung eines Zeugen. Derartige Mängel machen die Forderung nach beschleunigter Feststellung der Spuren deutlich."

Peters führt noch eine ganze Reihe an Fehlern auf, die im Zuge der Ermittlungen eines Kriminalfalles entstehen können. Etwas diese:

- Nicht ausreichend vorbereitete Recherchen: „Das sind Fälle, in denen das Verbrechen keine Spuren hinterlässt, in denen das Objekt ungefährdet zur Verfügung steht, in denen der in Betracht kommende Täter ohnehin bekannt ist, in denen es vielmehr um die Frage geht, ob diese Person eine Straftat begangen hat. Es ist hier vor allem an die intellektuellen Verbrechen wie Meineid, Konkurs- oder wirtschaftliche Delikte, Urkundenfälschung, Betrug, Untreue oder Unterschlagung zu denken. Gerade hier sollte das Verfolgungsorgan seinen Gegner nicht unterschätzen", so Peters.

- Ungenügende Ausschöpfung der Beweismöglichkeiten: Sehr verkürzt heißt das: Beweise müssen allseitig sein. Also auch in dem Sinne, dass sie die Unschuld eines Verdächtigen belegen. Wie die Fälle Peter Heidegger oder Tibor Foco zeigen, sind Ermittler an einer solch umfassenden Recherche manchmal gar nicht interessiert, sobald sie nur einen vermeintlichen Täter präsentieren können. In diesen Zusammenhang fallen vor allem Tatbestände wie Brandstiftung oder Betrug.

- Ermittlungsfehler wie etwa eine vermeintlich lässige, also lächerliche Art der Spurensuche und Beweissicherung, unterlassene Augenscheinnahme (Tatortbesichtigung), das Versäumnis der Beschaffung von (eventuell belastenden) Beweisunterlagen, notwendiger Gegenüberstellungen oder die ungenügende Ausforschung von unbeteiligten Zeugen sind oft Gründe von späteren Justizirrtümern. Nicht selten basieren sie auf einem grundlegenden Desinteresse oder Stümperhaftigkeit der Ermittlungsbehörden.

- Die Selbstbeschränkung auf eine bestimmte, für richtig gehaltene Aufklärungslinie: Mit allen unseligen Folgen, für die nicht nur der Fall Heidegger, sondern auch viele andere trauriges Zeugnis geben.

Bereits 1972 konstatierte Peters: „Einer der verhängnisvollsten Aufklärungsfehler ist das zu frühzeitige Festlegen auf die Richtigkeit einer Spur. Fälle, in denen der Ermittelnde fest überzeugt ist, dass er die richtige Spur verfolge, und er schließlich ein falsches Beweisgebäude aufbaut, sind keineswegs selten. Das Festlegen auf einen bestimmten Täter erfolgt leicht bei einem falschen Geständnis. Entspricht das Geständnis den Vorstellungen, die sich der Ermittelnde vom Sachverhalt bereits gemacht hat, so ist die Gefahr, keine weiteren Spuren mehr zu verfolgen, besonders groß. Nicht selten hat sich der Ermittelnde um das Geständnis in anstrengender Vernehmung bemüht." Im Klartext: erzwungen, mit welchen Mitteln auch immer (laut Peters etwa Folterung, Schlagen, Zwang, Drohung, Täuschung oder fragwürdige Versprechungen).

Das Prozedere für das Erschleichen solch zweifelhafter Geständnisse hat sich bis heute nicht geändert. Dem Beschuldigten werden falsche oder überhaupt nicht vorhandene Indizien, die gegen ihn sprechen, präsentiert. Man sagt ihm, ein Geständnis könne seine Lage nur verbessern. Oft hat der Vernommene gar keine Ahnung, was wirklich vorgefallen ist, und gibt nicht selten richtige Antworten – wenigstens was den Tatort betrifft. So geschehen im Mordfall Nr. 133 aus dem von Peters gesammelten Konvolut. In dieser Causa machte der wegen eines unrichtigen Geständnisses unschuldig Verurteilte eine folgenschwere Angabe. Er habe sich nur zur Tatwohnung begeben, weil dort eine Menge von Leuten herumgelungert sei. Es war aber gar nicht seine Wohnung. Allerdings war er in der Lage, den Grundriss des Apartments ganz genau zu beschreiben. Und sofort klickten die Handschellen. Erst viel später konnte er nachweisen, dass alle Wohnungen in dieser Gegend bis ins letzte Detail nach den gleichen Plänen gebaut wurden und er deswegen so genaue Angaben machen konnte.

Geständnisse dieser Art werfen also viele prinzipielle Fragen auf: Sie können erzwungen sein – durch Folter, durch Anwendung physischer oder psychischer Gewalt oder durch falsche Versprechungen. Manchmal entstehen sie aber auch durch Selbsttäuschung, nicht selten unterstützt durch perfide psychologische Vernehmungstaktiken, die zum Ziel haben, einen eigentlich Unschuldigen, aber von Schuldgefühlen geplagten Menschen zu überführen.

Peters schildert folgenden, anonymisierten Fall leicht gerafft so: „Ein Kaplan war wegen eines Sittlichkeitsverbrechens verurteilt worden. Er hat die Vorgänge stets bestritten. Es gab immer

Zweifel an seiner Schuld, aber zu einem Wiederaufnahmeverfahren ist es mangels neuer Tatsachen und Beweismittel nie gekommen. In einem aus dem Sittlichkeitsprozess entstandenen, gegen die Kirche geführten Zivilprozess wurde der Kaplan vor einem ausländischen Gericht als Zeuge vernommen. Er stellte auch in diesem Prozess in Abrede, ein Unrecht getan zu haben. Der vernehmende Richter machte in den Akten aber den Vermerk, dass die Aussage des Zeugen nicht glaubhaft wirke, da er, wenn er nicht der Täter sei, nicht in einer so unbeteiligten Weise seine Aussage hätte machen können."

Laut Peters nahm der Richter an, „dass ein unschuldig Verurteilter erregter sein müsse. Aber ein derartiger Schluss ist nicht möglich. Das ‚Unbeteiligtsein‘ kann sich auch daraus erklären, dass der Zeuge, der inzwischen seine Strafe verbüßt hatte und sich im Ausland aufhielt, sich von dem ganzen Verfahrenserlebnis gelöst hat und es nur wie ein Außenstehender ansieht." Oder anders gesagt: Der Kaplan hatte sich von irdischen Angelegenheiten verabschiedet.

Hier kommt ein ganz wesentlicher Bereich von Fehlerquellen für einen Justizirrtum ins Spiel. Und zwar:

- Unzulängliche Persönlichkeitserforschung und falsche Gutachten: In den meisten Fällen – vor allem dann, wenn es sich um Marginaldelikte handelt – fallen solche Fehler nicht so schwer ins Gewicht. Es gibt leichte Verkehrsunfälle, bei denen der Sohn versehentlich den Führerschein seines Vaters vorzeigt, und keiner der Polizisten bemerkt es. Aber dem Vater kommt die Strafanzeige ins Haus geflattert.

Doch es geht auch um schwere Fälle. Etwa um die Frage, ob Beschuldigte als Jugendliche oder Erwachsene eingestuft werden, was auf deren Urteilsbemessung erhebliche Auswirkungen hat. Auch darum, die Schuldfähigkeit von Angeklagten zu beurteilen. Und natürlich um die Prüfung der Glaubwürdigkeit von Zeugenaussagen. Das schließt nicht aus, dass sich die Ermittlungsbehörden davon ein Bild formen können. Aber es ist nicht ihre Aufgabe, und schon gar nicht ihr Zuständigkeitsbereich. Denn diese Angelegenheiten fallen in das Ressort der Gutachter.

Innerhalb dieses Genres gibt es viele Teilbereiche: von der Forensik über die Gerichtsmedizin bis hin zur Psychiatrie. So ein Gutachten kann über Wohl und Wehe eines Angeklagten, in den USA, im Iran oder etwa China manchmal sogar über Leben und Tod entscheiden. Und immer wieder gibt es Gutachten, vor allem dann, wenn es sich um psychiatrische Expertisen handelt, die gelinde gesagt nicht einmal das Papier wert sind, auf dem sie geschrieben stehen – aber dennoch ausschlaggebend für den Prozessausgang wirken.

Kurz nach dem Zweiten Weltkrieg hat in Österreich der Fall des Linzer Gerichtsmediziners und Sachverständigen Dr. Fossel für ziemliches Aufsehen gesorgt. Ausschließlich wegen eines von ihm erstellten Gutachtens wurde 1948 der Bauer Alois Manninger wegen Mordes an seiner Frau zu 20 Jahren Gefängnis verurteilt.

Seine Angehörigen, vor allem Mutter und Schwester, glaubten jedoch an seine Unschuld und schafften es, eine Überprüfung dieser Expertise sowohl durch die Universität Graz als auch die Universität Innsbruck zu erbetteln. Beide kamen zu dem Schluss, dass Fossels Gutachten schlicht und einfach falsch war.

Der Bauer Manninger wurde im Zuge eines Wiederaufnahmeverfahrens Ende 1956 freigelassen. Im Laufe dieser Untersuchung stellte sich auch heraus, dass Fossel in mindestens einem weiteren Fall, und zwar dem Mord an der Krankenschwester Bernhardine Fluch, der dem Arzt Dr. Hoflehner angelastet wurde, ein völlig falsches Zeugnis abgeliefert hatte. Mehr als zwei Jahre lang musste sich der damalige Justizminister Otto Tschadek daraufhin wegen des Falles Fossel den Vorwurf des „Justizskandals" gefallen lassen.

In jüngster Zeit taucht auch immer wieder der Name des prominenten Kärntner Kinderpsychiaters Max Friedrich im Zusammenhang mit fragwürdigen Gutachten, die unter Umständen zur Verurteilung Unschuldiger geführt haben, auf. Ihm wird vor allem vorgeworfen, Kinder durch Hypnose oder Suggestivfragen derartig beeinflusst zu haben, dass sie – laut vielen Gegengutachten – zu Unrecht ihre Väter des sexuellen Missbrauchs bezichtigt haben. Nicht selten soll er auch Ferndiagnosen gestellt haben, ohne jemals mit der zu beurteilenden Person gesprochen zu haben – etwa im Fall Natascha Kampusch. In mindestens zwei Fällen ist bekannt, dass aufgrund von Friedrichs Gutachten Väter wahrscheinlich unschuldig etliche Jahre hinter Gittern verbringen mussten und nur wegen entlastender Gegengutachten wieder auf freien Fuß gesetzt wurden. Da diese Verfahren allerdings noch nicht rechtskräftig sind, lässt sich im Moment kein abschließendes Urteil bilden.

In einem Fall jedoch hat sich eine Expertise von Professor Max Friedrich leider als irrig und fatal herausgestellt. Es ist der Fall des „Kannibalen von Wien", Robert Ackermann.

Der 19-jährige amtsbekannte Bursche war von Friedrich mehrfach untersucht worden. Dieser befand, dass Ackermann zwar an einer „phasenhaften", aber keinesfalls „chronischen" oder durch „Schübe" gekennzeichneten psychiatrischen Störung leiden würde. „Ganz bewusst" schloss Friedrich eine „Abartigkeit höheren Grades" aus und empfahl, Ackermann außerhalb einer Haftanstalt psychiatrisch zu betreuen. Denn, so das wenige Seiten umfassende Gutachten: Das Krankheitsbild „kann völlig abklingen, wenn eine entsprechende Behandlung durchgeführt wird". Ackermann blieb daraufhin auf freiem Fuß. Am 27. August 2007 jedoch hat er sein Opfer Josef Schweiger erschlagen, ausgeweidet und teilweise verkostet.

Peters weist in seiner umfassenden Arbeit auch noch auf ein weiteres wesentliches Merkmal für das Entstehen eines Justizirrtums hin:

- Die Qualität der Verteidigung: „An der Entstehung eines Urteils im guten wie im schlechten Sinn hat auch der Verteidiger seinen Anteil. In einer Vielzahl von Fällen ist fehlsames Verhalten der Verteidigung die Ursache für ein fehlerhaftes Urteil. Es wäre falsch, alle Irrtümer und Falschbeurteilungen, die durch die vorgelegten Untersuchungen nachgewiesen sind, allein dem Richter anzulasten. Allerdings sind die Eingriffsmöglichkeiten des Verteidigers in den einzelnen Verfahrensstadien sehr verschieden und gerade während des Zeitraums der Ermittlungen sehr begrenzt. "

Im Klartext: Solange die Polizei beziehungsweise Staatsanwaltschaft recherchiert, hat ein Verteidiger – so er denn über ein Mandat verfügen sollte – fast keine Möglichkeit, in diesen Vorgang einzugreifen. Es sei denn, der Mandant hat genügend Kohle, um private Nachforschungen zu finanzieren. Aber, so Peters: „In aller Regel wird ein Verteidiger erst beauftragt, wenn die Ermittlungen schon weit zum Nachteil des Beschuldigten gediehen sind. Seine Kontrollfunktion kann der Anwalt also meist erst nach Abschluss der Ermittlungen ausüben. Er muss also versuchen, seine Mitwirkung so bald wie möglich aufzunehmen. "

Bloß wie?

Viele Beschuldigte verfügen nicht über ausreichend finanzielle Mittel, um sich einen erfahrenen, vielleicht auch prominenten Verteidiger leisten zu können. In manchen Fällen, die mit großer öffentlicher Aufmerksamkeit, ja gar Sensationsgier verbunden sind, ist das mitunter kein Problem. Einige Anwälte, so der ehemalige Sektionschef des Justizministeriums Roland Miklau, „nutzen dies oft für Werbung in eigener Sache oder holen sich das Geld auf dem Wege gefinkelter Medien-Klagen".

Doch vielfach wird einem Beschuldigten nur ein Anwalt zur Verfahrenshilfe zugeordnet, der für seine Arbeit keinen Cent kriegt. Denn dessen geringe Aufwandsentschädigung fließt über etliche Stationen in eine Art Pensionsfonds, den die Rechtsanwaltskammer für ihre Mitglieder verwaltet. Natürlich setzen sich diese – landläufig als „Pflichtverteidiger" bekannten – Anwälte für ihre Klienten bestens ein. Aber über den Grad der

Motivation für die Intensität ihres Engagements mag man durchaus räsonieren.

Abgesehen von solch finanziellen Überlegungen ist die Arbeit eines Verteidigers – so gut er auch sein mag und so rechtzeitig er auch in das Ermittlungsverfahren einbezogen worden ist – alles andere als leicht. Vor allem deswegen, weil er zwei Funktionen ausüben muss: Als Kontrollorgan hat die Verteidigung eine kritische Beurteilung der bisherigen Beweisergebnisse zu vollziehen. Sie muss demnach alles nachrecherchieren – von der Echtheit eingebrachter Dokumente bis hin zur Tatortanalyse oder der Glaubwürdigkeit allfälliger Geständnisse. Außerdem hat die Verteidigung auch noch eine Entlastungsfunktion doppelter Art. Darunter versteht man im juristischen Fachjargon Folgendes:

- Mittelbare Entlastung: Also die Erschütterung von bereits aufgenommenen Beweisen – das reicht von fragwürdigen Geständnissen oder Zeugenaussagen über die Fehlerhaftigkeit von Gutachten bis etwa zur Fälschung von Urkunden.
- Unmittelbare Entlastung: Darunter ist laut Peters „die Beibringung neuer, bisher noch nicht untersuchter Tatsachen, die zum Schluss nötigen, dass der Sachverhalt anders liegt, als es die Strafverfolgungsbehörden annehmen", gemeint. Fazit: Es geht nicht nur um eine neue Interpretation – also Beweiswürdigung – vorhandener Unterlagen, welcher Art auch immer, sondern um einen Gegenbeweis.

„Freilich sind der Verteidigung hinsichtlich der Beschaffung von Entlastungsmaterial Grenzen gesetzt", so die bis heute gültige Analyse von Peters. „Sie ergeben sich nicht nur daraus, dass dem Verteidiger kein Untersuchungsapparat zur Verfügung steht. Sondern oft verfügt er nicht über ausreichendes Aktenwissen und kann daher Widersprüche, Abweichungen oder Lücken in der Hauptverhandlung nicht erkennen."

Aber nur allzu oft sind Verteidiger einfach Versager. Die Fall-Dokumentation von Karl Peters lässt darüber keinen Zweifel zu. Nur ein paar Beispiele: In der Causa Nr. 1094/1096 (es handelt sich um einen Weizendiebstahl) ist der Verteidiger, ebenso wie die Polizei, die Staatsanwaltschaft als auch das Gericht, nie auf den Gedanken gekommen, das entscheidende Indiz, eine gefälschte Rechnung, die am Tatort gefunden und auch dort nachträglich hingelegt wurde, auf Echtheit zu überprüfen. Im Fall Nr. 130 unterließ es die Verteidigung, das vermeintliche Opfer, eine Jugendliche, die den Vorwurf der Vergewaltigung erhoben hatte, zu fragen, ob sie noch „virgo intacta" sei. Natürlich war sie noch Jungfrau, wie sich später herausstellen sollte. Und im Fall Nr. 1142 (Hans Hetzel; siehe auch S. 152 ff.) vergaß der Verteidiger einfach darauf, eine fristgerechte Vertagung der Verhandlung zu beantragen, nachdem ein Gutachter fragwürdige Fotografien als neue Beweisstücke eingebracht hatte.

Die Liste von Karl Peters über die Ursachen von Justizirrtümern ließe sich noch lange fortsetzen. Aber sie mündet letztlich in juristische Spitzfindigkeiten und Haarspaltereien. Was bleibt, ist die Erkenntnis, dass Justizirrtümer aus rechtlicher Sicht nur im Rahmen eines (erfolgreichen) Wiederaufnahmeverfahrens – so geschehen etwa im Fall von Peter Heidegger – festgemacht werden können.

Der Wiener Jurist, Rechtsanwalt und Universitätsprofessor Richard Soyer hat über diese Problematik eine Habilitation mit dem sperrigen Titel „Die (ordentliche) Wiederaufnahme des Strafverfahrens" im April 1998 verfasst. Es ist die derzeit wichtigste Arbeit zu diesem Thema.

Das Resümee des Experten: „Das österreichische Justizsystem ist leider schwerfällig. Es zeigt auch wenig Bereitschaft, eventuelle Fehler einzugestehen. Und verlässliche, quantitative Aussagen über Justizirrtümer in Österreich gibt es nicht. Nicht einmal vom Justizministerium."

Wiederaufnahmeverfahren in Österreich

Parlamentarische Anfrage im Juni 2008

Mitte Juni 2008 richtete der damalige Justizsprecher der Partei „Die Grünen", Albert Steinhauser, eine parlamentarische Anfrage an die amtierende Bundesministerin für Justiz, Maria Berger, zum Thema Justizirrtümer. Er begehrte Auskunft über folgende 18 Fragen.

In der Parlamentssprache lesen sich diese so:

1. Wie viele rechtskräftige strafrechtliche Verurteilungen von Verbrechen wurden seit 1990, gegliedert nach Jahren und Deliktsgruppen, aufgehoben und haben in Folge mit Freispruch für den Betroffenen oder durch Verurteilung eines anderen Täters geendet?
2. Wie lauten die Geschäftszahlen jener Verfahren, wo bei einer ausgesprochenen Haftstrafe von über zehn Jahren es zu einer Aufhebung der Verurteilung im Sinne von Frage eins gekommen ist?
3. Wie viele Anträge auf Wiederaufnahme gemäß § 353 StPO zum Vorteil des Verurteilten hat es seit 1990, gegliedert nach Jahren und Deliktsgruppen, gegeben?
4. In wie vielen Fällen wurde seit 1990, gegliedert nach Jahren und Deliktsgruppen, einem Antrag auf Wiederaufnahme gemäß § 353 StPO zum Vorteil des Verurteilten entsprochen?
5. Wie viele Personen haben sich aufgrund eines Urteils in Haft befunden, gegen dieses eine Wiederaufnahme gemäß § 353 StPO zum Vorteil des Verurteilten erfolgreich war?
6. Wie hoch war jeweils die ausgesprochene Strafhöhe?
7. Wie viele Urteile wurden aufgrund der außerordentlichen Wiederaufnahme durch den OGH gemäß § 362 StPO seit 1990, gegliedert nach Jahren und Deliktsgruppen, aufge-

hoben und haben in Folge mit Freispruch für den Betroffenen oder durch Verurteilung eines anderen Täters geendet?

8. In wie vielen Fällen der außerordentlichen Wiederaufnahme kam der OGH aufgrund der Aktenlage sofort zu einem neuen Urteil, welches einen Freispruch des Betroffenen beinhaltet, gegliedert nach Jahren und Deliktsgruppen?

9. In wie vielen Fällen der außerordentlichen Wiederaufnahme verfügte der OGH die Wiederaufnahme vor dem Gericht I. Instanz, gegliedert nach Jahren und Deliktsgruppen?

10. Wie viele Personen haben sich aufgrund eines Urteils in Haft befunden, welches gemäß § 362 StPO aufgehoben wurde?

11. Wie hoch war jeweils die ausgesprochene Strafhöhe?

12. Wie viele Urteile wurden aufgrund der Erneuerung des Strafverfahrens gemäß § 363a StPO seit 1990, gegliedert nach Jahren und Deliktsgruppen, aufgehoben und haben in Folge mit Freispruch für den Betroffenen oder durch Verurteilung eines anderen Täters geendet?

13. Wie viele Personen haben sich aufgrund eines Urteils in Haft befunden, welches aufgrund der Erneuerung des Strafverfahrens gemäß § 363a StPO aufgehoben wurde?

14. Wie hoch war jeweils die ausgesprochene Strafhöhe?

15. Wie viele Fälle von Haftentschädigung gab es seit 1990, aufgeteilt nach rechtskräftigen Verurteilungen aufgrund eines Verbrechens oder Vergehens?

16. Wie hoch war die jährlich bezahlte Haftentschädigung für derartige Justizirrtümer, gegliedert nach Jahren seit 1990?

17. Wie beurteilen Sie die sich aus Frage eins ergebende Anzahl an Justizirrtümern im europäischen Vergleich?

18. Gibt es begleitende Studien beziehungsweise Evaluierungen zum Thema „Justizirrtümer"?

Antwort von Justizministerin Maria Berger

Die Antwort von Justizministerin Maria Berger wurde überraschend schnell bereits am 12. August 2008 übermittelt. Sie fiel aber, so der Grünen-Justizsprecher Steinhauser, „mager" aus. Ausgezeichnet mit den Aktenziffern BMJ-Pr7000/0144-Pr 1/2008 sowie XXIII. GP-NR 4586/AB, sagt die Justizministerin zu sämtlichen Fragen Folgendes:

„Zunächst möchte ich festhalten, dass im Zusammenhang der Wiederaufnahme, der außerordentlichen Wiederaufnahme und der Erneuerung des Strafverfahrens keinesfalls generell von Justizirrtümern gesprochen werden kann. Dabei handelt es sich vielmehr um Regulative, die auch dazu dienen, nachträgliche Änderungen der Beweislage adäquat berücksichtigen zu können bzw. Verfahren zu überprüfen, bei denen ein nachteiliger Einfluss einer Verletzung der EMRK auf den Inhalt einer strafgerichtlichen Entscheidung nicht von vorneherein ausgeschlossen werden kann. Davon ausgehend können die zuvor ergangenen Urteile – insbesondere gemessen an der zu diesem Zeitpunkt vorhandenen Beweislage – nicht a priori als falsch bezeichnet werden.

Eine Beantwortung der Fragen kann jedoch nicht erfolgen. Das den Justizbehörden zur Verfügung stehende elektronische Register sieht die Erfassung von Verfahrensschritten im Zusammenhang mit der Wiederaufnahme des Strafverfahrens erst seit dem Jahr 1996 vor. Anträge auf außerordentliche Wiederaufnahme des Strafverfahrens sowie die Erneuerung des Strafverfahrens sind erst seit 2006 bzw. 2005 im Register abrufbar. Mit diesen Registereintragungen kombinierte Abfragen nach Verfahrensergebnissen, nach Deliktsgruppen, nach der Strafhöhe oder der Anzahl der in Haft befindlichen Personen sind jedoch nach wie vor nicht möglich, sodass eine händische Auswertung jedes einzelnen betreffenden Aktes zumindest seit dem Jahr 1990 nötig wäre. Dies ist jedoch aufgrund des damit verbundenen und unverhältnismäßig hohen Aufwands nicht durchführbar. Ich ersuche daher um Verständnis, wenn ich im Rahmen von Anfragebeantwortungen keine Aufträge im Umfang wissenschaftlicher Studien an die derzeit stark belasteten staatsanwaltschaftlichen Behörden erteilen kann.

Ich habe aber – auch in Umsetzung des Regierungsprogramms und einer Entschließung des Nationalrates vom März 2007 – kurz nach meinem Amtsantritt eine Arbeitsgruppe zur Optimierung der Justizstatistik im Bundesministerium für Justiz eingesetzt. Bereits im August 2007 wurde mit dem Institut für Rechts- und Kriminalsoziologie der Universität Wien zur Projektumsetzung und wissenschaftlichen Begleitung ein Werkvertrag geschlossen.

Das Mandat dieser Arbeitsgruppe ist weit gefasst und zielt auf eine signifikante Verbesserung der Datengrundlage der Justizpolitik ab. Der Teilnehmerkreis dieser Arbeitsgruppe ist umfassend angelegt und bezieht sämtliche mit der Erstellung von Justizstatistiken befassten Stellen sowie den wissenschaftlichen Bereich mit ein.

Wien, am 11. August 2008
Dr. Maria Berger
Bundesministerin für Justiz"

Die Problematik des Wiederaufnahmeantrags

Für Richard Soyer ist diese dürre offizielle Auskunft nicht sehr überraschend: „Man muss sich wohl damit abfinden, dass es im Moment keine brauchbaren Statistiken zum Thema Justizirrtum oder Fehlurteile gibt." Abgesehen von den Daten, die er selbst für seine Habilitation gesammelt hat.

Der Jurist hat für diese Arbeit insgesamt 352 Beschwerdeentscheidungen aus den Jahren 1992 bis 1996 ausgewertet, um die „Probleme und Hauptfragen der ordentlichen Wiederaufnahme des Strafverfahrens zu erörtern". Sie stammen von den Oberlandesgerichten Graz, Innsbruck, Linz und Wien, die in zweiter und letzter Instanz entscheiden.

Laut seinen Auswertungen haben diese vier Oberlandesgerichte in den Jahren

1992: 58
1993: 67
1994: 72
1995: 73
1996: 82

Entscheidungen in Wiederaufnahmeverfahren, die in den Paragrafen 352 bis 356 der Strafprozessordnung geregelt sind, gefällt.

Die Bilanz ist ernüchternd: „284 Beschwerden wurde nicht Folge gegeben (Zurückweisungen eingeschlossen). Zu den 77 stattgegebenen Beschwerdeentscheidungen ist – differenzierend – festzuhalten, dass insgesamt nur zehn Beschwerdeentscheidungen auf Wiederaufnahme lauteten, von den sich acht in Fällen des § 353 zum Vorteil des Verurteilten auswirkten. Zur Abweisung von Wiederaufnahmeanträgen führten neun Beschwerde-Entscheidungen, darunter nur ein Fall des § 353. Es wurden also acht ‚ungünstige' (zum Nachteil des Verurteilten) Wiederaufnahmeanträge mit Beschwerde-Entscheidungen abgewiesen."

Das heißt: „Es ergibt sich daher für Beschwerden im Untersuchungszeitraum eine ‚Erfolgsquote' von rund 5,5 Prozent. Diese Quote beträgt rund 4,5 Prozent, wenn darauf abgestellt wird, ob die Wiederaufnahme und die Abweisung von Wiederaufnahmeanträgen den Beschuldigten/Verurteilten zum Vorteil gereichten."

Diese geringe „Erfolgsquote" bedeutet aber immer noch nicht, dass ein eröffnetes Wiederaufnahmeverfahren tatsächlich zum gewünschten Erfolg, im Idealfall Freispruch, führt.

Dennoch ist der Rechtsbehelf der Wiederaufnahme das wohl bedeutendste Mittel zur Durchbrechung der Rechtskraft im Strafprozess. Er ist immer dann zulässig, wenn „neue Tatsachen oder

Beweismittel" („nova producta") vorliegen. Und die Berechtigung zur entsprechenden Antragsstellung erlischt auch nicht mit dem Tod des Verurteilten.

Alles in allem fällt das Resümee, das Richard Soyer aus seinen Untersuchungen zieht, ziemlich verheerend aus: „Dem Thema Wiederaufnahme des Strafverfahrens (und damit auch dem Fragenkomplex ‚Justizirrtum') wurde bislang in Österreich keine besondere Aufmerksamkeit geschenkt." Sarkastisch merkt er an: „Dies mag insoweit ein Vorteil sein, als sich rasch ein Überblick über die einschlägige Literatur gewinnen lässt. Von der Rechtsprechung kann man dies aber nicht behaupten. Hier liegt vieles nach wie vor im Dunkeln."

Nicht umsonst hat Karl Peters allen Juristen die Binsenweisheit ins Stammbuch geschrieben: „Die Vorplanung zu einem Wiederaufnahmeverfahren muss sorgfältig durchgeführt werden."

Wie so ein Schriftstück in der Praxis aussieht, zeigt das folgende Originaldokument. Es handelt sich um den Wiederaufnahmeantrag im Fall Silke Schnabel, die 1992 bestialisch ermordet wurde. Der mutmaßliche Täter befindet sich noch immer auf freiem Fuß.

„Rechtsirriges Urteil": Der Wiederaufnahmeantrag im Fall Silke Schnabel

Der Antrag für ein Wiederaufnahmeverfahren im Fall Silke Schnabel durch den auf komplexe Strafsachen spezialisierten Salzburger Rechtsanwalt Stefan Rieder, der die Opferschutzorganisation „Weißer Ring" vertritt, ist ein Paradebeispiel dafür, wie so eine Sache in Österreich zu funktionieren hat. Und dieser Text gibt auch Einblick in das juristische Prozedere, das ein solcher Antrag auslöst.

Nicht selten werden wegen dieses Aufwands – und der damit verbundenen mühsamen Arbeiten – auch noch so gut begründete

Anträge für die Wiederaufnahme eines bereits abgeschlossenen Verfahrens aus allerlei fadenscheinigen Gründen abgeschmettert. Solche Ablehnungen sind normalerweise mit einem Dickicht an Paragrafen, Gesetzestexten, Querverweisen und manchmal sogar Bibelzitaten gespickt. Aber in Wahrheit dienen sie in den meisten Fällen nur der Selbstverteidigung des jeweils herrschenden Justizsystems.

Deswegen sei an dieser Stelle der aktuelle Antrag auf die Wiederaufnahme des Verfahrens im Mordfall Silke Schnabel (siehe auch S. 73 ff.) als Beispiel angeführt. Da diese Causa noch nicht rechtskräftig entschieden ist, sind alle Namen – außer jene des Opfers und des Anwalts – geändert worden. Hier der Antrag in behutsam gekürzter Fassung im Originaltext.

EINSCHREIBEN
An die
Staatsanwaltschaft Salzburg
Rudolfsplatz 2
5020 Salzburg

Einschreiterin: Monika S., Angestellte
      Adresse dem Einschreitervertreter bekannt
      vertreten durch:
      Weißer Ring Österreich,
      Nußdorferstr. 67/7, 1090 Wien

vertreten durch: **Dr. Stefan Rieder**
      Rechtsanwalt
      Erzabt-Klotz-Str. 4/6
      5020 Salzburg

NEUERLICHE ANREGUNG,
EINEN STAATSANWALTSCHAFTLICHEN
WIEDERAUFNAHMEANTRAG ZU STELLEN

A) Präambel:

Die Einschreiterin hat am 05.02.2008 beantragt, das am 19.11.1993 durch Beschluss des Untersuchungsrichters des LG Salzburg gegen Franz Schwarz, geb. 20.06.1958 eingestellte Strafverfahren wegen des Verdachtes des Mordes gem. § 75 StGB zum Nachteil der Silke Schnabel unter Hinweis auf § 195 StPO fortzuführen. Nach Stellungnahmen der Staatsanwaltschaft Salzburg vom 05.05.2008 und der Oberstaatsanwaltschaft Linz vom 08.05.2008, welche sich beide gegen die Fortführung des Ermittlungsverfahrens aussprachen, fasste das OLG Linz zu 8 Bs 171/08 s am 16.05.2008 den Beschluss, den Antrag zurückzuweisen. Im Wesentlichen wurde der Beschluss damit begründet, dass die Einschreiterin bis November 1994 die Möglichkeit gehabt hätte, einen Subsidiarantrag zu stellen. Mit Ablauf des 31.12.2007 habe die Einschreiterin keine Möglichkeit mehr, einen zulässigen Subsidiarantrag einzubringen. Durch das Inkrafttreten des Strafprozessreformgesetzes, insbesondere der Bestimmungen der §§ 195, 196 StPO, könne ein bereits untergegangenes Recht nicht wiederaufleben.

Damit ist der Einschreiterin der Weg der formlosen Fortführung des Ermittlungsverfahrens mit der Behauptung, dass damals im November 1993 die Voraussetzungen für eine Beendigung des Verfahrens nicht vorlagen, versperrt.

Den Beschluss des OLG Linz vom 16.05.2008 nimmt die Einschreiterin zur Kenntnis. Sie behält sich allerdings eine Überprüfung der dort zum Ausdruck kommenden Rechtsansicht durch die Generalprokuratur vor.

B) Verdachtslage:

Zur Verdachtslage wird auf den Fortführungsantrag vom 05.02.2008 sowie die Äußerung vom 13.05.2008 verwiesen. Bei objektiver Beurteilung der Verdachtslage ist die Einstellung des Strafverfahrens per 19.11.1993 eindeutig als rechtsirrig zu bezeichnen. Franz Schwarz befand sich vom 24.07.–25.11.1992 als dringend Tatverdächtiger in U-Haft. Er war der Letzte, der in Begleitung der Frau Schnabel, welche am 11.07.1992 zunächst spurlos verschwand, am 14.07.1992 vom Untergeber als abgängig gemeldet und 10 Tage nach dem Verschwinden am 21.07.1992 aus dem Inn bei Ranshofen aufgetaucht ist, gesehen wurde. Franz Schwarz war von Silke Schnabel angetan. Er gab an, dass ihm im Lokal ein junges Mädchen auffiel (AS 49). Er beschrieb Frau Schnabel als hübsch und ansprechend (AS 49). „Weil sie mir sympathisch war, habe ich zugestimmt und ihr in der Folge einige Whisky-Cola bezahlt", sagt Herr Schwarz auf AS 49 aus.

Die Sympathie für Frau Schnabel beschränkte sich nicht auf das Lokal „Max & Moritz". Frau Schnabel und Herr Schwarz vereinbarten, gemeinsam ein weiteres Lokal aufzusuchen.

Dieser Plan wurde zunächst gestört, da Herr Schwarz eine Auseinandersetzung mit dem Personal im Lokal hatte. Über ihn wurde ein Lokalverbot verhängt (AS 51). Er musste das Lokal vorzeitig verlassen.

Herr Schwarz wartete an die zwei Stunden vor dem Lokal auf Frau Schnabel (AS 31). Beide gingen gemeinsam die Mertensstraße entlang Richtung Bergheimerstraße. Herr Schwarz nahm sie um ihre Mitte (AS 51).

Geht man vom Lokal „Max & Moritz" durch die Mertensstraße in Richtung Salzach, kommt man an den Tatort, dort wo Frau Schnabel vergewaltigt, erwürgt und als Tote in die Salzach abgelegt wurde (AS 249).

Herr Schwarz bot bei seinen Einvernahmen mehrere Versionen an, er verwickelte sich in Widersprüche. Auf AS 41 gibt er an, er wäre zur fraglichen Zeit nicht im „Max & Moritz" gewesen, schon gar nicht wäre er mit einem Mädchen von dort weggegangen. In Bezug auf seine Person müsse es sich um einen Irrtum handeln. Diese Version bot er im Zuge seiner Festnahme am 24.07.1992.

In seiner niederschriftlichen Einvernahme vor der BPD Salzburg am 25.07.1992 (AS 45 ff.) ändert er seine Aussage nun dahingehend, dass er Frau Schnabel kennengelernt, sie hübsch und ansprechend gefunden, mit ihr einen Lokalwechsel vereinbart, er längere Zeit vor dem Lokal auf sie gewartet hat, gemeinsam mit ihr durch die Mertensstraße in die Bergheimerstraße gegangen ist, um ein anderes Lokal aufzusuchen.

Er beschrieb auf AS 53 den weiteren Weg und den angeblichen Ort der Trennung. Beide wären über die Lehener Brücke in Richtung Lehener Post gegangen. Nachdem Frau Schnabel artikulierte, sie würde lieber nach Hause gehen, hätten sie sich an der Kreuzung Rudolf-Bibel-Straße – Schumacherstraße (Lehener Post) getrennt. Herr Schwarz wäre mit dem Bus in der Folge nach Hause gefahren (AS 51).

Noch vor dem Untersuchungsrichter wiederholte Herr Schwarz, dass er sich bei der Lehener Post von Frau Schnabel verabschiedet hätte, er wäre in der Folge mit dem Bus nach Hause gefahren (AS 145).

Nachdem durch den Bericht vom 28.07.1992 (AS 159) aufgekommen ist, dass Herr Schwarz in den frühen Morgenstunden des 11.07.1992 unbekleidet an der Salzachböschung ca. 1–2 m vom Ufer entfernt liegend wahrgenommen und angetroffen wurde, war klar, dass auch die Version, er habe Frau Schnabel zwar kennengelernt, sich von dieser bei der Lehener Post getrennt und sei in der Folge mit dem Bus nach Hause gefahren, unrichtig ist. Damit konfrontiert, dass nun auch seine 2. Version nicht zutreffen kann, hat er diese insoferne abgeändert, als dass er sich nun von Frau Schnabel im Bereich des Elmo-Kinos getrennt habe (AS 227). Auf die Frage, warum er nackt im Gras bis 2 m vom Wasser entfernt lag, antwortete er (nachzulesen auf AS 229), er habe geglaubt, er wäre schon zu Hause! Näher befragt nach der Örtlichkeit, wo er sich von Frau Schnabel getrennt hätte, nämlich beim Elmo-Kino, wollte Herr Schwarz keine Angaben mehr tätigen (AS 147a).

Im Rahmen der Hausdurchsuchung am 29.07.1992 wurden verschiedene Gegenstände beschlagnahmt, darunter ein Jeansgürtel aus Leinen mit einem dunkelblauen Streifen in der Mitte, worauf mehrere Golfspielersymbole angebracht sind (AS 203). Darauf befindet sich ein Blutfleck. Vom gerichtsmedizinischen Institut in Salzburg wurden die Blutspuren der Blutgruppe A, welche Blutgruppe auch Frau Schnabel hatte, zugeordnet (AS 315). Das Blut auf dem Gürtel stammt nicht von Herrn Schwarz. Seine Blutgruppe ist eine andere.

Die Mutter des Herrn Schwarz, Gisela Schwarz war gerade dabei, eine Bluse, die nicht Herrn Schwarz gehörte, zu entsorgen, als sie gerade noch im Rahmen der Hausdurchsuchung am 29.07.1992 (AS 203) beschlagnahmt werden konnte. Diese Bluse gehörte Silke Schnabel (beispielsweise AS 211). Bei der kriminaltechnischen Untersuchung der Bluse am 05.08.1992 (AS 267) fehlten 11 (von 12) Knöpfe. Die Knöpfe 1–4 (siehe Abbildung auf AS 269) sowie die Knöpfe 9–11 dürften ausgerissen worden sein. Am 03.08.1992 (AS 231) gibt Herr Schwarz hinsichtlich der Bluse dahingehend Auskunft, er hätte sie am 17.07.1992 im Bereich der Schallmooser Hauptstraße auf einem Abfallkorb liegend aufgefunden und mitgenommen!

Hinsichtlich der einschlägigen Vorstrafen des Herrn Schwarz wird auf den im Akt erliegenden Strafregisterauszug vom 24.07.1992 verwiesen. Einschlägig sind die Verurteilungen 3, 4, 5 und 9. Gewaltdelikte finden sich mehrere.

Wie oben aufgezeigt, ist Herr Schwarz dringend verdächtig, in der Nacht zum 11.07.1992 Frau Schnabel vergewaltigt und ermordet zu haben. Auch das Gericht ging einmal von einem dringenden Tatverdacht aus, befand sich Herr Schwarz doch in der Zeit vom 24.07.–25.11.1992 in U-Haft.

C) Rechtlicher Rahmen:
Die Frage ist zu erörtern, ob Ermittlungen vor Stellung des Wiederaufnahmeantrages zu führen sind oder (erst) nach dem Wiederaufnahmeantrag. Diese Frage drängt sich insbesondere angesichts der OGH-Entscheidung vom 26.03.1996 11 Os 32/96 (11 Os 33/96) auf. Dort wurde der Frage nachgegangen, ob eine in

ihrer Zweckmäßigkeit unbestrittene Befugnis des Staatsanwaltes, sich vor (allfälliger) Stellung eines Wiederaufnahmeantrages die hiefür nötigen Entscheidungsgrundlagen im Wege gerichtlicher Vorerhebungen zu verschaffen, schon auf die allgemeinen Regelungen der Strafprozessordnung gestützt werden kann. Die Entscheidung des OGH ist nach einer Wahrungsbeschwerde der Generalprokuratur entstanden. Der OGH ist der Ansicht, dass der Vornahme einer für nötig befundenen gerichtlichen Vorerhebung auch die Rechtskraftwirkung des Einstellungsbeschlusses, also der auch durch Art. 4 Abs. 1 des 7. Zusatzprotokolles zur MRK garantierte – sich aber auch aus den Bestimmungen der StPO selbst (insbesondere ihres XX. Hauptstückes) ergebende – Grundsatz „ne bis in idem" nicht entgegensteht. Er führt aus, dass das Wiederaufnahmeverfahren in seiner Gesamtheit eine in der Prozessordnung vorgesehene Durchbrechung dieses Grundsatzes, deren Zulässigkeit in Art. 4 Abs. 2 des erwähnten Zusatzprotokolles anerkannt wird, bildet. Der Begriff der Wiederaufnahme, der alle Maßnahmen im Rahmen des iudicium rescindens, sohin insbesondere Vorerhebungen nach §§ 352 Abs. 2 und 357 Abs. 2 StPO umfasst, erstreckt sich aufgrund der Bestimmungen des IX. Hauptstückes der StPO auch auf gerichtliche Erhebungen zur Vorbereitung eines staatsanwaltlichen Wiederaufnahmeantrags. Im Übrigen tritt in den gerichtlichen Erhebungen (zur Vorbereitung eines staatsanwaltlichen Wiederaufnahmeantrages) mangels Begründung eines Prozessrechtsverhältnisses der richterliche Wille zu neuerlicher Verfolgung nicht mit gleicher Intensität zutage wie bei den vom Gesetz ausdrücklich eingeräumten Vorerhebungen zur Prüfung eines bereits in diese Richtung gestellten Wiederaufnahmeantrages.

Obige Entscheidung ist zur alten Rechtslage ergangen. In praxi kann der Staatsanwalt nach der neuen Rechtslage keinen Antrag an den Untersuchungsrichter stellen, im Rahmen von Vorerhebungen zur Vorbereitung eines (staatsanwaltlichen) Wiederaufnahmeantrages Beweise aufzunehmen.

Der Gesetzestext der neuen Rechtslage dürfte eine Lösung nahelegen. § 193 Abs. 1 StPO schreibt den Grundsatz fest, dass nach der Einstellung des Verfahrens weitere Ermittlungen gegen den Beschuldigten zu unterlassen sind. Die Staatsanwaltschaft kann aber nach § 193 Abs. 1 zweiter Halbsatz StPO Ermittlungen im Einzelnen anordnen oder durchführen, sofern für eine Entscheidung über die Fortführung des Verfahrens bestimmte Ermittlungen oder Beweisaufnahmen erforderlich sind.

Im gegenständlichen Fall wird diese Ermittlungsbefugnis des Staatsanwaltes nicht bestehen, da es nicht um die Fortführung eines nach § 190 StPO eingestellten Strafverfahrens geht. Die Einstellung erfolgte zu einem Zeitpunkt (19.11.1993), als die Bestimmung des § 190 StPO noch nicht existierte. Überdies handelte es sich nicht um eine staatsanwaltschaftliche Einstellung, sondern um eine solche, welche das Gericht in der Person des Untersuchungsrichters verfügte.

Nach dem Inhalt des **§ 357 Abs. 2 Satz 2 StPO** kann das Landesgericht Ermittlungen durch die Kriminalpolizei anordnen oder Beweise selbst aufnehmen, wenn dies erforderlich ist, um die Gefahr abzuwenden, dass ein Beweismittel für eine erhebliche Tatsache verloren geht. Daraus ergibt sich eindeutig die **Befugnis des Gerichtes**, nach Stellung des Wiederaufnahmeantrages, aber vor Fassung des Beschlusses, Ermittlungen durch die Kriminalpolizei anzuordnen.

Als Ergebnis ist festzuhalten, dass nach der neuen Rechtslage bei Stellung eines staatsanwaltschaftlichen Wiederaufnahmeantrages die Staatsanwaltschaft – ohne selbst zuvor Ermittlungen anzuordnen oder selbst durchzuführen – den Wiederaufnahmeantrag stellt und *in der Folge das Gericht aufgrund der durch § 357 Abs. 2 Satz 2 StPO gegebenen Befugnis Ermittlungen durch die Kriminalpolizei anordnet oder selbst Beweise aufnimmt.*

D) Wiederaufnahme des Verfahrens:
Einschlägig ist im gegenständlichen Fall § 352 Abs. 1 Z. 2 StPO. Danach kann dem Antrag der Staatsanwaltschaft auf Wiederauf-

nahme eines Verfahrens, das durch gerichtlichen Beschluss eingestellt wurde, nur dann stattgegeben werden, wenn die Strafbarkeit der Tat noch nicht durch Verjährung erloschen ist und der Beschuldigte später ein Geständnis der ihm angelasteten Tat ablegt oder sich andere neue Tatsachen oder Beweismittel ergeben, die geeignet erscheinen, die Verurteilung des Beschuldigten nahezulegen (§ 210 Abs. 1).

Nach § 210 Abs. 1 StPO hat die Staatsanwaltschaft bei dem für das Hauptverfahren zuständigen Gericht Anklage einzubringen, wenn aufgrund ausreichend geklärten Sachverhaltes eine Verurteilung naheliegt und kein Grund für die Einstellung des Verfahrens oder den Rücktritt von Verfolgung vorliegt.

In casu kommen *beide Tatbestände* des § 352 Abs. 1 Z. 2 StPO in Betracht, nämlich zum einen, dass der Beschuldigte später ein Geständnis der ihm angelasteten Tat abgelegt hat, zum anderen, dass andere neue Tatsachen bzw. Beweismittel sich ergeben haben.

E) Wiederaufnahmegründe:

a) Späteres Geständnis:

Bis zur Einstellung des Verfahrens per 19.11.1993 hatte Herr Schwarz kein Geständnis abgelegt (z. B. AS 147a).

Herr Schwarz hat u. a. gegenüber Brigitte K., welche 1992 Brigitte G. hieß (AS 389), ein (wenn auch indirektes) Geständnis abgelegt.

Verwiesen wird auf die beigelegte DVD, welche die ORF-Sendung „Thema", die am 10.06.2008 ausgestrahlt wurde, enthält. In der Minute 22 (etwa 21:17–21:40) gibt Frau K. gegenüber der ORF-Reporterin Mag. Gudrun K. Folgendes an:

Ich habe mir gedacht, wie kann so ein Mensch freigehen, wenn so viele Indizien gegen ihn sprechen und so viele Beweise da sind, ich meine, die Bluse, der Gürtel, die Blutspuren, wie er nackt an der Salzach gelegen ist und, also, da waren wir eigentlich schon alle recht schockiert, und er wollte dann auch mal ins Lokal, wir haben dann eben geschrieen „verschwind du Mörder", worauf er

dann zur Antwort herübergeschrieen hat *„haltet's die Goschen,
sonst geht's euch wie der Silke".*

Die Antwort des Herrn Schwarz auf die Aufforderung, er solle
aus dem Lokal verschwinden, da er ein Mörder sei, ist dekuvrie-
rend. Warum sollte Herr Schwarz zum Stillhalten mit der (schweren) gefährlichen Drohung der Vergewaltigung und des Mordes
nötigen („haltet's die Goschen, sonst geht's euch wie der Silke"),
wenn er nicht der Täter wäre. Eine Auslegungsvariante zugunsten
des Herrn Schwarz wäre, dass er den tatsächlichen Mörder der
Frau Schnabel kennt und diesen anstiftet, u. a. Brigitte K. zu vergewaltigen und zu ermorden. Herr Schwarz hat im Rahmen seiner
bisherigen Verantwortung (AS 141–147) nicht davon gesprochen,
er würde den (aus seiner Sicht) tatsächlichen Täter kennen.

Aus Gründen der Anonymität wurde Brigitte K. im ORF-Inter-
view als Sabine M. bezeichnet.

b) Neue Tatsachen oder Beweismittel:
aa) Weitere Angaben der Sabine M.:
Frau M. hat gegenüber der ORF-Reporterin Mag. K. überdies angegeben:

*Ich habe ihn in seiner Männlichkeit verletzt, also es war ei-
gentlich ... was heißt Männlichkeit verletzt? Ich habe ihn darauf
angesprochen, dass bei ihm „nichts geht" und in dem Moment hat
er einfach komplett durchgedreht und ist mir auf die Gurgel **und
hat mit der Faust auf mich eingeschlagen,** und ich habe dann in
meiner Angst den Namen meines damaligen Zuhälters gerufen und
geschrieen: „Warum hilfst du mir denn nicht." In dem Moment hat
er mich dann auslassen, da habe ich aber schon komplett rote Augen, also die Adern zerplatzt und Blutergüsse am Hals gehabt, und
eben **durch die Faustschläge Verletzungen im Gesicht** ... hat er
ausgelassen, hat sein Gewand genommen und ist hinausgerannt
ins Stiegenhaus. Von da weg ... ich habe ja früher schon ... also im
Nachhinein erfahren, dass es früher schon des Öfteren der Fall
war, dass er Mädchen angegriffen hat und geschlagen hat. An dem*

Abend, wie die Silke eben bei ihm gesessen ist, habe ich sie vorge-
warnt und gesagt: „Silke, pass auf, der ist nicht ganz normal. Der
hätte mich fast erwürgt und hat auf mich eingeschlagen und ich
würde an deiner Stelle schauen, dass ich von ihm wegkomme."

Auf die angeschlossene DVD mit der Aufzeichnung der ORF-
Sendung „Report" vom 10.06.2008 wird verwiesen. Die oben
wiedergegebenen Angaben der Frau M. befinden sich in der 17.
und 18. Minute (16:27–17:25).

Es handelt sich um einen neuen Beweis. Frau M. (damals G.)
hat auf AS 393 zu diesem Vorfall zwar schon Angaben gemacht.
Sie sprach aber nur davon, dass Herr Schwarz sie gewürgt hätte.

Sie hat nicht angesprochen, dass er **auch mit der Faust auf Frau
M. eingeschlagen hat**, wodurch sie Verletzungen im Gesicht erlitten hat.

Dieses Detail ist für die Überführung des Herrn Schwarz von
besonderer Bedeutung, da der *modus operandi* gegenüber Frau M.
derselbe war wie gegenüber Frau Schnabel (Würgen und Schlagen).
Auf AS 135 ist die Zusammenfassung des gerichtsmedizinischen
Gutachtens vom 28.09.1992 (AS 95 ff.) nachzulesen:

*Gewaltsamer Tod **durch Erwürgen**, mit nachfolgendem zentralen Regulationsstillstand. Dem Tötungsakt vorausgegangen ist
eine vielfache **stumpfe Gewalteinwirkung, vor allem gegen den
Schädel,** die zu einem potenziell tödlichen Schädel-Hirn-Trauma
führte. Im Verlauf dieser Ereignisse fand auch noch eine gewaltsame vaginale und anale Penetration statt, die zu beträchtlichen
Verletzungen in diesem Bereich führte. „Sexualmord".*

Dieses neue Beweismittel scheint im Sinne des § 352 Abs. 1 Z.
2 StPO geeignet, die Verurteilung des Beschuldigten nahezulegen.
Offenkundig ist es die Art (modus operandi) des Herrn Schwarz,
gegen Frauen *mit der Faust gegen das Gesicht (Schädel)* vorzuge-
hen und zu *würgen*. Bei Frau Schnabel ist der Tod durch Erwürgen
mit nachfolgendem zentralen Regulationsstillstand eingetreten.
Die Vermutung bzw. Angst des Herrn Schwarz, dass tatsächlich
der damalige Zuhälter der Frau M. zu Hilfe eilt, hat ihn zum

62

Ablassen von Frau K. veranlasst. Sie hatte schon komplett rote Augen, zerplatzte Adern und Blutergüsse am Hals.

bb) Angaben der Erika S.:

Der Name der Frau S. scheint auf AS 57 auf. Sie wird dort mit dem Spitznamen „Guggi" benannt. Einvernommen wurde sie damals nicht.

Gegenüber der ORF-Reporterin Mag. Gudrun K. gab sie an:

*Sie war ein liebes Mädchen, wirklich wahr, das war sie, so war es 100-%ig. Er war ein Verrückter. Dann hab ich auch mit den Kriminalbeamten nachher, wie sie ihn entlassen haben, Schweinerei, da war ich entsetzt, das muss ich auch dazusagen. Da waren wir alle entsetzt. Das hat kein Mensch geglaubt. Für mich ist er der Verdächtige, was heißt Verdächtiger, **für mich ist er der Mörder**, das muss ich ganz ehrlich zugeben.*

Diese Angaben sind auf der angeschlossenen DVD in den Minuten 21 und 22 (20:30–21:17) festgehalten.

Dabei handelt es sich um ein neues Beweismittel, da erstmals in dieser Sache Frau S. Angaben tätigt. *Sie bezichtigt Herrn Schwarz des Mordes an Frau Schnabel.*

cc) Gegenstände bzw. Spuren, die 1992 mit den damaligen Methoden der Gerichtsmedizin bereits untersucht wurden:
aaa) Analabstrich:

Von der Leiche der Frau Schnabel, die am 21.07.1992 aus dem Inn geborgen wurde, wurde ein **Analabstrich** genommen. Dieses Material wurde durch Beamte der Salzburger Polizei dem Institut für Rechtsmedizin der Universität München, Frauenlobstr. 7a, D-8000 München überbracht (AS 185). Vom Analabstrich waren nur geringe Mengen zum Teil stark abgebauter DNA erhalten (AS 187). Die Untersuchung des Analabstriches brachte kein Ergebnis (AS 189).

Prof. Dr. Franz N., Molekularbiologe an der Gerichtsmedizin Salzburg, gab gegenüber der ORF-Reporterin Mag. Gudrun K. Folgendes an:

Zum damaligen Zeitpunkt ist die DNA-Analyse noch in den Kinderschuhen gesteckt, man hat einerseits sehr viel Material noch benötigt, um überhaupt irgendetwas herauszubekommen, Material, wie es in vielen Fällen einfach von der Menge her nicht zur Verfügung stand. Über die Jahre wurde diese Technik verfeinert, immer weiterentwickelt, sodass man die Nachweisgrenze nach unten, die Aussagekraft nach oben drücken konnte. Das heißt, die Aussage wurde immer sicherer. Man bewegt sich heutzutage in einem Bereich, wo ein Einschluss oder auch ein Ausschluss zweifelsfrei ist.

Die Angaben des Prof. Dr. N. befinden sich auf der vorgelegten DVD in den Minuten 20 und 21 (19:59–20:28).

Es ist zum einen gerichtsnotorisch, zum anderen durch die wiedergegebenen Aussagen des Prof. Dr. N. dargelegt, dass sich die Methoden der Gerichtsmedizin verfeinert bzw. weiterentwickelt haben. *Nunmehr kann aus dem Analabstrich abgeleitet werden, dass sich darin DNA-Material, das Herrn Schwarz zuzuordnen ist, befindet.*

bbb) Gürtel:

Im Rahmen der Hausdurchsuchung vom 29.07.1992, die in den von Herrn Schwarz bewohnten Teilen der Wohnung seiner Eltern durchgeführt wurde, wurde u. a. ein **Gürtel** (offenbar aus Leinen mit blauem Streifen und Golfspielersymbolen – Beschreibung AS 202) beschlagnahmt. Dieser Naturfasergürtel, der Herrn Schwarz gehört, hatte eine etwa 2 cm² große, längliche Blutantragung (AS 185). Dieser Gürtel wurde am 07.08.1992 (AS 315) durch einen Salzburger Polizeibeamten dem Institut für Rechtsmedizin der Universität München, Dr. T., ausgefolgt.

Da die DNA-Menge nicht ausreichend war, wurde kein Ergebnis für die DNA-Probe vom Gürtel des Tatverdächtigen (Schwarz) erhalten (AS 191). Eine Blutgruppenbestimmung gelang. Eindeutig ergab sich in Mehrfachversuchen ein für die Blutgruppe A typisches Verhalten (AS 191). Die Blutgruppe der Frau Schnabel war A, jene des Herrn Schwarz 0 (AS 315). *Dies bedeutet, dass sich (bezogen auf Herrn Schwarz) fremdes Blut auf sei-*

nem Gürtel befand. *Es könnte Blut der Frau Schnabel sein.* Mit den heutigen Methoden der Gerichtsmedizin kann – über die Blutgruppenbestimmung hinaus – das Ergebnis erreicht werden, *dass das Blut auf dem Gürtel des Herrn Schwarz von Frau Schnabel stammt.*

Wie das Blut von Frau Schnabel auf den Gürtel des Herrn Schwarz gelangte, ist bereits geklärt. Auf AS 121 schreiben die Gerichtsmediziner Dr. S. und Dr. L.: *mittlerweile wurde bekannt, dass mögliche Blutübertragungsspuren von der Getöteten an der Kleidung (Gürtel) des Tatverdächtigen Franz Schwarz festgestellt wurden. Dies wäre nicht ungewöhnlich, da durch die heftigen Angriffe gegen die Nasenregion unweigerlich mit dem Auftreten von Nasenbluten zu rechnen gewesen war.*

ccc) Holzbänke:
Im Bereich des Mayburgerkais und damit des Tatortes waren und sind Holzbänke aufgestellt. Auf AS 431, auf welcher die Holzbank auf Höhe Josef-Mayburger-Kai 52/54 aufgestellt war, ist eine solche abgebildet. Dem Institut für Rechtsmedizin der Universität München wurden 3 **Holzproben** übergeben (AS 185). Die vermuteten Blutantragungen vom wahrscheinlichen Tatort (gemeint die Holzproben) erwiesen sich als nicht ausreichend für eine DNA-Typisierung (AS 193).

Eine Untersuchung dieser Holzproben mit den modernen Methoden der Gerichtsmedizin wird das Ergebnis bringen, *dass sich auf diesen Holzproben DNA der Frau Schnabel und/oder des Herrn Schwarz befinden.*

dd) Gegenstände, die bisher noch nie untersucht wurden:
aaa) Bluse:
Anlässlich der Hausdurchsuchung am 29.07.1992 wurde eine **Bluse** sichergestellt (AS 215). Die Sicherstellung dieser Bluse hat eine Vorgeschichte. Sie ist den Beamten bei der freiwilligen Nachschau aufgefallen. Zu diesem Zeitpunkt bestand kein Zusammen-

hang mit der Straftat. Erst nachträglich wurde bekannt, dass Gabriele M. (siehe Bericht vom 27.07.1992 – AS 181) in der Mordnacht Herrn Schwarz nackt am Salzachufer vorgefunden hatte. Für sie war – neben der Nacktheit – auffällig, dass sehr viel Gras bis zum Wasser niedergetreten war. Frau M. rief die Polizei. Herr Schwarz wurde beamtshandelt (Bericht vom 28.07.1992 – AS 159). Dort ist zu lesen: *in weiterer Folge fanden wir sein weißes Sommerblouson, das auf der steilen Salzachböschung in ca. 3 m Entfernung im Gestrüpp hing.*

Die Zusammenführung der Erkenntnis, dass sich in dem von Herrn Schwarz bewohnten Teil der Wohnung seiner Eltern eine Bluse befand, mit der Erkenntnis, dass sich in der Nähe des Herrn Schwarz an der Salzachböschung ein weißes Sommerblouson befand, führte zur Beschlagnahme der Bluse, die auf AS 269 bildlich dargestellt ist. Die dort abgebildete Bluse gehört eindeutig Frau Schnabel. Die Knöpfe 1–4 und 9–11 sind *ausgerissen* (KTU-Bericht vom 05.08.1992 – AS 268).

Das Ausreißen der Knöpfe steht mit der massiven Gewaltanwendung gegenüber Frau Schnabel in der Nacht zum 11.07.1992 in ursächlichem Zusammenhang.

Die Untersuchung der Bluse nach den modernen Methoden der Gerichtsmedizin *wird DNA-Spuren der Frau Schnabel und/oder des Herrn Schwarz zutage fördern.*

bbb) Damenslips/Strumpfhose:
Am 28.07.1992 fand im Bereich des Mayburgerkais eine polizeiliche Suchaktion statt (AS 193). Gefunden und gesichert wurden laut Bericht vom 28.07.1992 1 Damenstrumpfhose und 1 Damenunterhose. Tatsächlich gefunden wurden **2 Damenslips** und **1 Strumpfhose**, wie sie auf AS 307 f. abgebildet sind.

Eine Untersuchung dieser Beweisgegenstände hat noch gar nicht stattgefunden.

Eine Untersuchung der beiden Damenslips sowie der Strumpfhose mit den modernen Methoden der Gerichtsmedizin *wird*

DNA-Spuren der Frau Schnabel und/oder des Herrn Schwarz zutage fördern.

ee) Vorleben:
Die Einstellung des Strafverfahrens erfolgte per 19.11.1993. Da bisher seitens der Staatsanwaltschaft keine Anklage erhoben wurde, hatte ein HV-Richter **keine Möglichkeit, die Vorakten anzufordern.** Lediglich die Strafregisterauskunft (AS 7 u. 9) lag damals vor.

Das Studium des Vorlebens ergibt, dass der Herrn Schwarz in der Vergangenheit nachgewiesene modus operandi, der zu den Verurteilungen führte, *haargenau übereinstimmt mit den Umständen, die zum Tod der Frau Schnabel führten.*

Herr Schwarz begann seine Delinquenz im zarten Alter von **15** Jahren (Verurteilung 01 im Strafregister).

Die weitere Verurteilung ließ nicht lange auf sich warten. Mit **16** wurde er zu einer Geldstrafe von ATS 500,-- verurteilt (Verurteilung 02 des Strafregisterauszuges).

Das **1. Sittlichkeitsdelikt,** das sich in der Strafkarte niederschlägt, ist die Verurteilung durch das LG Eisenstadt vom **29.08.1975** zu 6 Vr 308/75, Hv 42/75. Verurteilt wurde er zu einer Geldstrafe von ATS 18.000,--.

Bereits ein Jahr später wird er wieder **wegen eines Sexualdeliktes** verurteilt, und zwar vom LG Eisenstadt am **23.07.1976** zu 6 Vr 802/75, Hv 1/76. Diesmal fasste er erstmals eine unbedingte Freiheitsstrafe (10 Monate) aus (Verurteilung 04 im Strafregisterauszug).

Es folgte eine weitere Verurteilung zu einer unbedingten Freiheitsstrafe (6 Monate) **wegen eines Sexualdeliktes,** diesmal – nachdem die vorangegangenen Verurteilungen von burgenländischen Gerichten erfolgten – vom im Mordfall Silke Schnabel zuständigen LG Salzburg. Die Verurteilung stammt vom **11.04.1978** zu 19 EVr 277/78, Hv 58/78 (Verurteilung 05 im Strafregisterauszug).

Nach Körperverletzungsdelikten (Verurteilungen 06 und 07 des Strafregisterauszuges) und Verurteilung wegen eines Diebstahles (Eintrag 08 im Strafregisterauszug) wurde Herr Schwarz mit Urteil des LG Salzburg vom 03.06.1980 zu 19 Vr 3491/79, Hv 11/80 **wegen mehrfacher (versuchter) Vergewaltigung** zu einer unbedingten Freiheitsstrafe in der Dauer von 5 Jahren verurteilt, **ferner wurde er in eine Anstalt für geistig abnorme, aber zurechnungsfähige Rechtsbrecher gem. § 21 Abs. 2 StGB eingewiesen.**

Dieser Verurteilung laut Eintrag 09 des Strafregisterauszuges lag u. a. der Vorfall vom 07.10.1979 zugrunde. Herr Schwarz läutete an der Haustür der **Gertrude B.** In der Annahme, dass es sich um ihren Freund handelt, hat Frau B. ihr langes, weinrotes Hauskleid angezogen. Darunter hatte sie nur ein weißes Höschen an. Sie traf vor der Haustüre auf Herrn Schwarz. Sie beanstandete das Klingeln des Herrn Schwarz. Nach dieser Beanstandung wollte Frau B. die Haustür wieder zumachen. Herr Schwarz hat Frau B. *sofort angefallen*. Trotz heftiger Gegenwehr ist es ihm gelungen, den Reißverschluss des Kleides zu öffnen. Er schlug einen Teil des Kleides über ihren Kopf und zog den Stoff beim Hals zusammen, *wodurch sie keine Luft mehr bekam*. Gleichzeitig riss Herr Schwarz Frau B. zu Boden. *Mit der bloßen Hand würgte er sie.* Mit der anderen Hand riss er ihr die Hose vom Körper. Herr Schwarz wollte Frau B. vergewaltigen. Er machte sich an ihrem Geschlechtsteil zu schaffen. Er zerriss ihr ihren Slip. Er fuhr ihr mit einem Finger in die Vagina. Er kratzte und drückte an ihren Brüsten. Infolge heftiger Gegenwehr (Frau B. hatte Herrn Schwarz in die Hand gebissen) sowie des glücklichen Umstandes, dass Nachbarn durch Hilfeschreie aufmerksam wurden, wurde Schlimmeres verhindert.

Frau Gertrude B. hat gegenüber der „News"-Journalistin Mag. Martina P. ein Interview gegeben, das in „News" Nr. 28 vom 10.07.2008 abgedruckt wurde. Dort ist sie als Opfer 2 und aus Gründen der Anonymität mit Martha K. benannt.

Frau B. gab als Antworten:

Ich traue diesem Mann einen Mord zu, denn er wollte ja auch mich töten, 1979, als er mich im Eingangsbereich meines Wohnhauses überfiel.

Wie eine Bestie sprang er auf mich, *warf mich zu Boden, schlug auf mich ein, riss mir die Kleider vom Leib,* **drückte mit einer Hand gegen meinen Hals** *und wollte mich erwürgen und vergewaltigen.*

Als ich schon dachte, jetzt ist alles aus, ich muss sterben, wurde ich gerettet. Herr F. (gemeint Herr Schwarz) ist davongelaufen, doch die Polizei hat ihn ein paar Wochen später verhaftet. Nachdem er versucht hatte, ein paar andere Frauen zu missbrauchen.

Ich habe noch immer Angst vor diesem Mann.

Der Verurteilung Eintrag 09 im Strafregisterauszug liegt auch die Tat vom **03.11.1979** zum Nachteil der **Herta D.** zugrunde. Herr Schwarz verfolgte Frau D. auf ihrem Weg zur Arbeitsstelle in der Früh. Der Abstand verringerte sich. Als sie beim Geschäft ankam, stand Herr Schwarz hinter ihr. Er hielt ihr von hinten mit der Hand den Mund zu. Frau D. konnte um Hilfe rufen. Während des Schreiens *biss Herr Schwarz Frau D. oberhalb der rechten Augenbraue und in der Folge in die rechte Wange.* Frau D. hatte das Gefühl, *als würde Herr Schwarz am Blut saugen.* Der Polizeiarzt stellte im Gesichtsbereich strichförmige Hautabschürfungen, die Zahnspuren entsprechen dürften, fest. Unter diesen Hautabschürfungen befanden sich hellbläuliche Blutunterlaufungen, *die vom Saugen stammen.*

Herr Schwarz riss Frau D. die Wäsche von der Hüfte weg bis zum Hals nach oben. Der Oberkörper war bis zum Hals nackt. Während des Kampfes versuchte Herr Schwarz, Frau D. auf den Gehsteig zu legen. Da 2 Männer dazwischenkamen, gelang Herrn Schwarz die beabsichtigte Vergewaltigung nicht.

Frau D. hat über diesen Vorfall vom 03.11.1979 der „News"-Reporterin Mag. Martina P. ein Interview gegeben, welches in der Ausgabe Nr. 28 vom 10.07.2008 abgedruckt wurde. Sie ist dort als

Opfer 1 und aus Gründen der Anonymität mit Eva G. benannt.
Ihre Antworten werden wie folgt wiedergegeben:

*Ich war damals im Winter, in den frühen Morgenstunden, als es noch dunkel war, am Weg zur Arbeit. Der Mann hat mich plötzlich von hinten gepackt, mich niedergerissen, **sich wie ein wildes Tier in meine Wange verbissen**. Ich hatte das Gefühl, er wollte mein Blut aussaugen. Er hatte vor, mich umzubringen, dessen bin ich mir gewiss. Aber ich hatte Glück: 2 Burschen kamen mir zu Hilfe, konnten mich aus seiner Gewalt befreien.*

Obwohl das alles schon so lange zurückliegt, traue ich mich bis heute nicht, alleine in der Dunkelheit meine Wohnung zu verlassen. Die Furcht wird einfach immer in mir bleiben.

Ich traue ihm einen Mord zu, weil ich weiß, wie brutal und grausam er sein kann. Und ich konnte niemals verstehen, dass ihm wegen der Tat an dem Mädchen (gemeint: Silke Schnabel) nicht der Prozess gemacht wurde.

Die Seiten 48 u. 49 der „News"-Ausgabe 28 vom 10.07.2008 werden zur Vorlage gebracht.

Dass Herr Schwarz im Zeitraum 1980–1985 nicht delinquierte, liegt an seiner Anhaltung in der Sonderstrafvollzugsanstalt Mittersteig in diesem Zeitraum.

Laut Eintrag Nr. 10 im Strafregister wurde Herr Schwarz am 13.05.1986 vom LG Salzburg zu 19 Vr 3556/85 zu einer Freiheitsstrafe von 18 Monaten verurteilt. Eine Körperverletzung brachte ihm eine Geldstrafe von ATS 8.800,-- (Urteil des BG Salzburg vom 04.01.1989 zu 27 U 452/89 – Eintrag Nr. 11).

Mit Urteil vom 27.11.1996 zu 36 EVr 2696/96, Hv 193/96 wurde Herr Schwarz wegen eines Vorfalles vom **07.07.1996** zu einer bedingten Freiheitsstrafe von 4 Monaten verurteilt. **Anita W.**, schwer betrunken, lernte Herrn Schwarz kennen. Herr Schwarz brachte Frau W. mit dem Taxi nach Hause. Frau W. nahm Herrn Schwarz mit in die Wohnung. Dort trafen sie auf den geschiedenen Gatten der Frau W. Als Frau W. sich auf der Toilette befand, hörte sie Hilfeschreie ihres Mannes. Herr Schwarz zerriss das Hemd des

Herrn W. und *würgte sowie schlug ihn*. Am Hals des Herrn W. befanden sich Blutergüsse und Kratzspuren. Herr Schwarz bedrohte Herrn W. mit den Worten „du gehörst ja weg" mit dem Umbringen. Gegenüber den einschreitenden Beamten verhielt sich Herr Schwarz aggressiv und leistete Widerstand.

Am 11.06.2003 wurde Herr Schwarz vom BG Salzburg zu 27 U 446/03 wegen eines Körperverletzungsdeliktes zu einer bedingten Freiheitsstrafe von 5 Monaten verurteilt.

Recherchen des Einschreitervertreters haben ergeben, dass Herr Schwarz überdies am 10.03.2008 zu 61 Hv 191/07 wegen Nötigung zu einer bedingten Freiheitsstrafe von 5 Monaten verurteilt wurde.

Lässt man die Verurteilungen bzw. die diesen zugrunde liegenden Taten Revue passieren, lässt sich ein modus operandi feststellen. **Sittlichkeitsdelikte sind Herrn Schwarz nicht fremd**, dies zeigen seine Vorstrafen.

Bei den Frauen B. und D. waren die Vergewaltigungen nur deshalb nicht vollendet, da Personen dazwischentraten bzw. störten.

Herr Schwarz hat Frau B. mit der bloßen Hand *gewürgt*. *Gewürgt* und geschlagen hat er auch Herrn W. Dass Frau Schnabel durch *Erwürgen* ermordet wurde, wurde bereits ausgeführt.

In den Medien wurde Herr Schwarz als *„schwarzer Würger"* bezeichnet. Der Artikel des Thomas S. vom 28.07.1992 in der „Kronen-Zeitung" wird zur Vorlage gebracht.

Die Vorakten, die zum Zeitpunkt der Einstellung nicht vorlagen, **geben eindeutige Hinweise darauf, dass es sich bei Herrn Schwarz um den Mörder der Frau Schnabel handelt.**

Vorgelegt werden unter einem:

–   DVD zur ORF-Sendung „Thema", ausgestrahlt am 10.06.2008
–   „News"-Deckblatt der Ausgabe Nr. 28 vom 10.07.2008
–   „News"-Artikel S. 48 u. 49 der Ausgabe Nr. 28 vom 10.07.2008
–   „Krone"-Artikel vom 28.07.1992.

Es wird angeregt, beim LG Salzburg als nach § 357 Abs. 1 StPO zuständiges Gericht einen staatsanwaltschaftlichen Wiederaufnahmeantrag und unter Vorlage der Beilagen nachstehende Anträge zu stellen:

- Beischaffung der Vorakten, aus welchen sich der *idente modus operandi* zum Fall Schnabel ergibt
- Einvernahme der *Erika S.* sowie der *Brigitte K.* (früher: G.), sofern das Abspielen der angeschlossenen DVD zur ORF-Sendung „Thema" vom 10.06.2008 nicht als ausreichend gesehen wird
- Einvernahme der *Gertrude B.* und *Herta D.*, sofern das Studium der Vorakten, insbesondere Akt 19 Vr 3491/79, Hv 11/80 LG Salzburg sowie Einsichtnahme in den „News"-Artikel vom 10.07.2008 nicht ausreichend sein sollten
- Beischaffung von *Bluse, Gürtel, Holzlatten (Holzproben), Analabstrich, Damenslips und Strumpfhose* sowie Veranlassung der (neuerlichen) Untersuchung durch die Gerichtsmedizin nach den modernen Methoden der Gerichtsmedizin.

Salzburg, am 04.08.2008   Monika S.

Man befindet sich nach der Lektüre dieses Textes nicht in einem Hollywood-Film. Man befindet sich mitten in Österreich. Aber man befindet sich auch in einem juristischen Gestrüpp, in dem es mehr Fragen als Antworten gibt.

Vielleicht schaffen es ja die folgenden Fallbeispiele aus Österreich und der ganzen Welt, etwas Licht in dieses Dunkel zu bringen. Gleich zu Beginn nochmals der Fall von Silke Schnabel.

Justizirrtümer in Österreich

Eine Chance auf späte Sühne

Der Fall Silke Schnabel
Salzburg, 1992–jetzt

Am 21. Juli 1992 machen die Badegäste an der „Riviera" von Ranshofen-Schwand eine grausame Entdeckung. Bei Stromkilometer 66,6 treibt ein lebloser Körper im Inn. Die Leiche wird sofort geborgen und in der Gerichtsmedizin untersucht. Dort stellt sich schnell heraus, dass es sich bei der Toten um die 17-jährige Silke Schnabel aus Salzburg handelt, die bereits seit über einer Woche vermisst wird. Das gerichtsmedizinische Protokoll konstatiert einen „gewaltsamen Tod durch Erwürgen (...). Das Schädelhirntrauma ist als potenziell tödliche Verletzung anzusehen (...). Es hat sicherlich den Todeseintritt durch den Würgevorgang abgekürzt. Dem Tötungsvorgang vorausgegangen ist eine vielfach stumpfe Gewalteinwirkung, vor allem gegen den Schädel. Schwere Wunden im Genital- und Analbereich. Sexualmord."

Sofort beginnen die erschütterten Beamten der Kriminalpolizei mit peniblen Ermittlungen und rekonstruieren den Fall minutiös. Ihren Recherchen nach ist Folgendes passiert: Am Abend des 10. Juli hat Silke, die von zu Hause im Streit mit ihrer Mutter ausgezogen war und in einem Heim für Sozialwaisen lebte, mit ihrem Freund das „Max und Moritz" besucht. Das ist eine leicht verruchte Diskothek im Salzburger Bahnhofsviertel, die auf junge Leute eine große Anziehungskraft ausübt. Sie isst Fisch mit Kartoffelsalat, später noch Frankfurter Würstchen und konsumiert einige Gläser Bier und Cola-Rot. Irgendwann im Laufe des Abends geraten sich Silke und ihr Freund in die Haare und er verlässt das Lokal. Sie bleibt jedoch.

Kurz darauf wird Silke vom damals 34-jährigen Bauhilfsarbeiter Franz Schwarz (Name geändert) angebaggert und an der Bar auf mehrere Drinks eingeladen. Zeugen berichten, dass sich die beiden bis zirka zwei Uhr früh ganz gut unterhalten, bis Schwarz von der Wirtin wegen eines Mundraub-Streites des Lokals verwiesen wird. Wovon Silke, die noch bis zur Sperrstunde im „Max und Moritz" verweilt, keine Ahnung haben kann, ist die einschlägige Vergangenheit des Mannes. Schwarz war bereits wegen mehrerer Notzuchtdelikte fünf Jahre in der Wiener Strafanstalt Mittersteig eingesessen und auch einige Monate in einer Anstalt für geistig abnorme Rechtsbrecher untergebracht gewesen.

Jedenfalls wartet er auf dem Parkplatz vor dem Lokal auf das Mädchen. Als Silke gegen fünf Uhr früh die Disko mit der Wirtin verlässt, nimmt er sie freundlich in Empfang und die zwei spazieren gut gelaunt Arm in Arm in Richtung Salzach, ein Gehweg von vielleicht fünf Minuten. Es ist das letzte Mal, dass Silke Schnabel lebend gesehen wird.

Gegen sechs Uhr früh am Morgen des 11. Juli 1992, also etwa eine Stunde später, findet eine Spaziergängerin, die ihren Hund Gassi führt, an der Salzach-Böschung auf der Höhe von Salzburg-Lehen einen nackten, offenbar alkoholisierten Mann schlafend im Gras liegen. Es ist niemand anderer als Franz Schwarz. Seine Jeans hängt bis zu den Kniekehlen herunter. Unterhose, T-Shirt und Schuhe sind im rundum zertretenen Gras, das um diese Jahreszeit immer sehr hoch gewachsen ist, verstreut. Auch ein hellgelbes Blouson.

Die Passantin ruft die Polizei. Schnell ist ein Streifenwagen vor Ort. Die Beamten wecken den Mann, von dem sie glauben, er schlafe seinen Rausch aus, unsanft und wollen wissen, was los sei. Schwarz bestätigt die Version der durchzechten Nacht. Völlig blau habe er sich auf den Heimweg gemacht, sei aber offenbar hier gelandet, habe sich dann wohl im Glauben, dass er bereits zu Hause in seinem Bett angelangt sei, ausgezogen und sei weggepennt.

Die Polizisten nehmen ihm die Story ab, denn zu diesem Zeitpunkt wurde Silke Schnabel ja noch nicht einmal vermisst. Eine entsprechende Meldung wird erst am 14. Juli vom Heimleiter gemacht. Die Polizisten schicken Schwarz, der sich langsam anzieht, nach Hause und meinen noch: „Vergessen Sie die Bluse nicht." Woher sollten sie auch wissen, dass sie dem Mordopfer gehörte.

Nicht einmal zwei Wochen später haben die Ermittler des Falles Silke Schnabel den mutmaßlichen Mordtatort ausgeforscht und finden bei der Salzach-Böschung in Lehen rudimentäre Schleifspuren ins Wasser. Schnell stoßen sie in ihren Akten auf den Bericht über jenen nackten Mann, der an genau diesem Platz am Morgen der Mordnacht aufgefunden worden war.

Schwarz wird verhört und leugnet zunächst einmal, dass sich die Balken biegen. Das Mädchen sei ihm „überhaupt nicht bekannt" und er habe es „noch niemals gesehen". Konfrontiert mit den Aussagen der Wirtin des „Max und Moritz" gibt er dann zu, er habe auf Silke vor dem Lokal gewartet, um noch ein anderes Lokal aufzusuchen. „Doch beim Gehen durch Salzburg", behauptet er nun, „stellten wir schließlich beide fest, dass wir eigentlich zu müde waren, um ‚durchzumachen', darum trennten wir uns ganz friedlich voneinander." Danach sei er mit dem nächsten Bus nach Hause, zur Wohnung seiner Eltern, gefahren, um seinen Rausch auszuschlafen. Eine glatte Lüge, wie der polizeiliche Aufgriff an der Salzach beweist. Darauf rechtfertigt sich Schwarz so: „Tut mir leid. Diesen Vorfall habe ich einfach vergessen."

Diese fragwürdigen Angaben führen sofort zu einer Hausdurchsuchung in der Wohnung der Eltern. Tatsächlich finden die Ermittler in seinem Zimmer Silkes Blouson, das von der Mutter wegen „Rostflecken" gewaschen worden war, die Flecken jedoch „nicht rausgegangen sind". Schwarz gibt später an, die Bluse in einem Mülleimer gefunden zu haben. Außerdem wird ein Gürtel mit Blutflecken sichergestellt. Am 24. Juli wird Franz Schwarz festgenommen, am 30. Juli 1992 wird er wegen des Verdachts des Mordes an Silke Schnabel in Untersuchungshaft gesteckt.

Die Behörden schicken sämtliche Beweismittel zur Untersuchung an die Gerichtsmedizin in München, um ja nicht den Verdacht einer Manipulierung aufkommen zu lassen. Und auch in der Hoffnung, neue Erkenntnisse zu gewinnen, denn die Münchner Forensiker gelten in der damals noch in den Kinderschuhen steckenden DNA-Untersuchungsmethode als Vorreiter. Die Ergebnisse sind jedoch dürftig: Die Sperma-Überreste im Anus von Silke Schnabel sind wegen der zehn Tage, die sie im Wasser getrieben ist, nicht verwertbar. Die Blutgruppe A der Flecken auf dem Gürtel entspricht zwar jener des Opfers, ist ihr aber nicht eindeutig zuzuordnen. Ebenso nicht jener von Schwarz (Blutgruppe Null). Und genauso wenig wie die Flecken auf dem Blouson.

Die Staatsanwaltschaft von Salzburg sieht aufgrund dieser Ergebnisse keinen Grund mehr für weitere Ermittlungen. Am 25. November 1992 wird Schwarz freigelassen. Er logiert in der Zwischenzeit in einer Sozialwohnung im Salzburger Bahnhofsviertel, ganz in der Nähe jenes Ortes, an dem Silke Schnabel zuletzt lebend gesehen wurde. Am 19. November 1993 verfügt das Untersuchungsgericht gemäß Paragraf 109 Strafprozessordnung die Einstellung des Verfahrens und schließt die Akte Schnabel.

Erst im Jahr 2008 gerät nach 16 Jahren wieder Bewegung in den Fall. Im Februar dieses Jahres stellt der Salzburger Rechtsanwalt Stefan Rieder im Auftrag von Silkes Mutter einen Antrag auf Fortführung des Verfahrens. Dies ist möglich, weil per 1. Jänner 2008 die österreichische Strafprozessordnung in der Fassung von 1975 novelliert wurde, um die Stellung der Opfer zu stärken. Dazu zählen auch Verwandte in direkter Linie, in diesem Fall also die Mutter. In Paragraf 66, Absatz 1, Ziffer 8 ist nun sinngemäß festgehalten, dass Opfer – unabhängig von ihrer Stellung als Privatbeteiligte – das Recht haben, die Fortführung eines durch die Staatsanwaltschaft eingestellten Verfahrens zu verlangen. Und genau das tut Rieder, der sich im Rahmen der europaweiten Opferschutzorganisation „Weißer Ring", die aus Geldern der öffentlichen Hand (Justizministerium) finanziert wird, in Fällen vermeintlicher Justizirrtümer nun auch für die Mutter von Silke Schnabel einsetzt. Doch sein erster Fortführungsantrag, der beim Oberlandesgericht Linz gestellt wurde, wird abgeschmettert. Und zwar aus formalen Gründen, im juristischen Fachjargon wegen „Verfristung". Nach damals gültigem Recht hätte die Mutter bis spätestens November 1994, also innerhalb eines Jahres nach der Einstellung des Verfahrens, einen Verfolgungsantrag stellen müssen. Dazu war sie aber wegen ihrer psychischen Verfassung nicht in der Lage. Überdies ist sie von niemandem in diese Richtung belehrt oder angeleitet worden.

Rieder: „Deswegen haben wir im August 2008 einen Antrag auf Wiederaufnahme des Verfahrens bei der Staatsanwaltschaft eingebracht." Das Problem dabei ist, dass für eine Wiederaufnahme neue Beweise oder wenigstens handfeste Hinweise notwendig sind, und diese vor allem die Staatsanwaltschaft derart beeindrucken müssen, dass sie einem solchen Antrag nachkommt.

Rieder ist überzeugt davon, dass er für eine Wiederaufnahme genügend Trümpfe in seinen Karten hat. Er setzt auf neue wissenschaftliche Untersuchungsmethoden hinsichtlich der Zuordnung der Blutgruppen auf Gürtel und Flecken auf dem Blouson. Er vertraut auf Erklärungen der damaligen Ermittlungsbeamten, die von der Täterschaft des Verdächtigen Franz Schwarz bis heute zutiefst überzeugt sind. Aber er glaubt vor allem einer neuen Aussage eines früheren Stammgasts des „Max und Moritz", Sabine M. (Name geändert).

Sie erzählt an Eides statt folgende Geschichte: Schwarz sei in den Jahren nach der Tat noch das eine oder andere Mal ins Lokal gekommen, aber immer wieder der Tür verwiesen worden. Bei seinem letzten Versuch, Anfang 2008, noch einen Drink zu ergattern, habe sie ihn wütend angeschrien. M.: „Ich habe gemeint: ‚Verschwind! Du Mörder!‘“ Daraufhin ist er gegangen. Aber er hat zurückgeschrien: ‚Halt’s alle die Goschn. Sonst geht’s euch wie der Silke!‘“ Auch die Ex-Chefin der Disko ist inzwischen überzeugt: „Für mich ist er der Mörder, das muss ich ganz ehrlich zugeben.“

Sollte dem Wiederaufnahmeantrag von Rechtsanwalt Stefan Rieder stattgegeben werden, was sowohl inhaltlich als auch die Frist betreffend im Ermessen der Staatsanwaltschaft liegt, wird Schwarz abermals in Haft genommen. Seit dem Tod von Silke Schnabel ist er wegen Sexualstrafdelikten offiziell nicht aufgefallen, stand allerdings mehrmals wegen „Körperverletzungen“ und „gefährlichen Drohungen“ vor Gericht. Zuletzt wurde Franz Schwarz am 10. März 2008 wegen Nötigung verurteilt. Rieder: „Aus meiner Sicht ist dieser Mann der Mörder von Silke Schnabel. Hier muss ein tragischer Justizirrtum gesühnt werden.“

Ein Akt auf Irrwegen

Der Fall Walter Monschein
Niederösterreich, Mai 2005–Oktober 2005

Eines Morgens im Mai 2005 findet der 41-jährige Versicherungsmakler Walter Monschein aus Klosterneuburg ein dickes, schweres Paket in seiner Post. „Ja, was ist denn das?“, staunt er neugierig. Und siehe da: Er hat einen kompletten Originalakt des Wiener Straflandesgerichts, inklusive Tatortbildern, Vernehmungs- und Übersetzungsprotokollen und einer Strafanzeige, in der Hand. Es geht um eine Serie von Kellereinbrüchen sowie vier polnische Staatsbürger, die als mutmaßliche Täter ausgeforscht seien.

Bloß: Bei Monschein ist noch nie eingebrochen worden. Es ist ihm deshalb ein Rätsel, warum dieses vertrauliche Schriftstück bei ihm gelandet ist. Und er kann sich keinen Reim darauf machen, wie er überhaupt in den Zusammenhang eines solchen Falles kommt. Also studiert er das Konvolut mit gebotener Vorsicht und entdeckt die Bitte des Landesgerichtes „um Bekanntgabe des Schadenfalles". Außerdem wird ihm klar, dass es sich offenbar um eine Adressenverwechslung handelt. Monschein: „Die Sendung sollte halt an ein anderes Unternehmen gehen, das so ähnlich lautet wie meines. Also habe ich zurückgeschrieben, dass mir diese Sache unbekannt ist und mich nichts angeht."

Doch im Straflandesgericht will man sich mit dieser Erklärung nicht zufriedengeben. Mehrmals wird Monschein von Kanzleibeamten angerufen und immer wieder befragt, ob denn das inkriminierte Unternehmen seines sei. „Nein, nein, und nochmals nein", so der genervte Monschein. Das Landesgericht will das aber nicht glauben und schickt dem Unternehmer nun den gesamten Gerichtsakt. „Nicht einmal eingeschrieben", wie er perplex anmerkte.

All dies ist zwar kein Justizirrtum im landläufigen Sinn, aber sicher ein Irrtum im Rahmen und Verlauf der Justizverwaltung.

Der damalige Gerichtssprecher Christian Gneist meinte auf die Nachfrage der Zeitung „Kurier" nur, dass es „üblich" sei, Gerichtsakten per Post zu verschicken. Es würden jedoch immer Kopien angefertigt. Und außerdem würden derlei Poststücke auf dem sogenannten „RSb"-Weg versandt, der einen Rückgabeschein erfordere. Ansonsten wisse die Behörde nichts über dieses „Missgeschick".

Monschein informiert daraufhin das Gericht „schriftlich", man möge doch den Akt persönlich abholen, „weil der Post vertraue ich auch nicht". In der Zwischenzeit muss wohl wieder ein Irrtum entstanden sein: Denn niemand hat dieses Material jemals bei dem falschen Adressaten ausgefasst, sodass es in Klosterneuburg langsam vergilbt. Und die vier – mutmaßlichen – polnischen Keller-Einbrecher sind längst wieder im Dunkeln untergetaucht.

Geständnis vor Selbstmord

Der Fall Peter Egger
Tirol, 1982–1989

Am 20. November 1982, um 0.30 Uhr, wird die junge Kellnerin Daniela Lehner in der Innsbrucker Wohnhausanlage „Sillhöfe" ermordet aufgefunden. Der Täter hat sie erbarmungslos mit einem Hammer erschlagen und ihr die Kehle aufgerissen. Selbst den abgebrühten Beamten der Polizei bleibt beim Anblick der Leiche der Atem weg.

Kurz darauf wird der ehemalige Lebensgefährte von Daniela, ein Mann namens Peter Egger, als mutmaßlicher Täter verhaftet. Man findet zwar Blutspuren an seiner Kleidung, doch er gibt an, die stammten von einer Schlägerei mit Benzindieben. Diese wurden zwar tatsächlich viel später ausgeforscht und verurteilt, doch die Beamten nahmen ihm seine Story nicht ab.

Es folgt ein Geschworenen-Prozess. Am 3. August 1983 wird der Innsbrucker Peter Egger für schuldig erklärt, in der Nacht zum 20. November 1982 seine Ex-Freundin in unmenschlicher Weise ermordet zu haben. Obwohl er immer wieder seine Unschuld beteuert, wird er in die Strafvollzugsanstalt Garsten (Oberösterreich) verbracht. Dort versucht er zwar immer wieder, irgendwelche Zeugen für seine Unschuld aufzutreiben, doch das gelingt ihm nicht. Und auch die Art und Weise, wie er das versucht, ist seiner wahren Unschuld nicht zuträglich.

In der Zwischenzeit verübt ein anderer Gefangener in einem Tiroler Gefängnis am 3. August 1987 Selbstmord. Der Mann heißt Eberhard Braun und wurde 1985 wegen des Mordes an seiner damaligen Lebensgefährtin Erna Unger aus Fieberbrunn zu 20 Jahren Haft verurteilt. Er hatte sie die Stiege hinuntergestoßen und ihr dann ein Stemmeisen ins Gehirn gerammt. Der Selbstmörder hinterlässt dem Anstaltsseelsorger einen Abschiedsbrief. In diesem gesteht Braun, dass er auch Daniela Lehner umgebracht habe: „(...) ich schlug auf ihren Kopf und riss ihr den Kehlkopf auf".

Der damalige Anwalt von Peter Egger begehrt kurz darauf ein Verfahren zur Wiederaufnahme des Falles und argumentiert – abgesehen des Geständnisses – so: Braun fuhr und besaß einen Wagen, der laut Zeugen zur Tatzeit vor dem Haus geparkt war, in dem Daniela gewohnt hatte. Das Tatbild passe auf Braun. Seine Schilderung der Tat im Abschiedsbrief stimmte ebenfalls mit der Rekonstruktion des Tathergangs durch die Polizei überein. Außerdem hätte das Opfer mehrmals von einem „Baumeister" gesprochen, den sie kenne – und Braun sich immer wieder als solcher ausgegeben.

Für die Innsbrucker Justiz sind diese Indizien für die Einleitung eines Wiederaufnahmeverfahrens nicht ausreichend. Sie lehnen den Antrag – trotz der Tatsache, dass es in dieser Causa bereits zwei Tote gibt – 1988 ab. Anwalt Egger: „Für mich ist das nach wie vor ein klarer Justizirrtum."

Dieser Aktrice ging es wirklich mies

Der Fall Manuela Sarnitz
Vorarlberg, 1987–1990

Wenn Schauspieler zu schreiben beginnen, sind sie entweder außergewöhnlich begabt (Beispiel: William Shakespeare), geldgierig (Beispiel: viele offenherzige Autobiografien diverser Filmstars) oder arbeitslos (Beispiel: Zsa Zsa Gabor). Manchmal jedoch sitzen sie auch unschuldig hinter Gittern. So wie im Fall der Vorarlberger Schauspielerin Manuela Sarnitz, die 1987 in ihren fünf Wochen Untersuchungshaft ein Theaterstück mit dem Titel „Eingesperrt" verfasst hat – es ist bis heute in vielen Schubladen verschwunden.

Die attraktive Aktrice wird gegen Ende 1986 verhaftet. Der Vorwurf: Sie habe verschiedenen Banken unter Vorspiegelung falscher Tatsachen rund 2,5 Millionen Schilling (fast 180.000 Euro) herausgelockt. Doch nichts davon ist wahr.

Sarnitz kann zweifellos erklären, dass sie am 23. Dezember 1986 nie und nimmer in Bregenz gewesen sein konnte, weil sie vor großem Publikum in Frankfurt am Main die garstige Königin in „Schneewittchen" gab. Sie kann belegen, dass sie am 29. Dezember in Wien einer Spedition ihre Möbel übergeben und nicht in einer Bregenzer Bank Geld eingepackt hat. Und sie kann beweisen, dass der Vorwurf, sie hätte am 13. März 1987 im deutschen Trier um 16.00 Uhr eine beträchtliche Geldsumme einbezahlt, völlig aus der Luft gegriffen ist. Denn das Postamt im oberösterreichischen Vöcklabruck bestätigt, dass Frau Sarnitz am selben Tag um 17.00 Uhr dort persönlich Geld abgehoben hat.

Dennoch wird sie in Untersuchungshaft genommen und erst nach fünf Wochen wieder entlassen. Sowohl ihr Stück als auch der Text ihres Anwaltes – „Antrag auf Entschädigung für eine strafgerichtliche Anhaltung" – sind bis heute erfolglos geblieben. Das Landesgericht Salzburg entscheidet, dass der Schauspielerin Manuela Sarnitz kein Ersatzanspruch zustehe. Denn: „Eine gänzliche Entkräftung des Tatverdachts ist nicht hervorgekommen." Vielmehr blieben viele „Verdachtsmomente bestehen, da doch unwahrscheinlich ist, dass eine so große Anzahl von Zeugen hier Irrtümern unterliegt". Außerdem könne man schnell von einem Ort zum anderen kommen (von Vöcklabruck nach Trier?).

Im April 1990 entscheidet das Oberlandesgericht Linz endgültig, dass der irrtümlichen Identifizierung von Manuela Sarnitz durch die angeblichen Zeugen „ein gewisses Gewicht nicht abgesprochen werden kann". Im Klartext: Die Schauspielerin erhält durch diesen Justizirrtum keinerlei Haftentschädigung. Ihr damaliger Anwalt Karl Zach: „Das ist der Rechtslage nicht entsprechend. Aber es ist typisch für Klagen gegen den Staat – da sind die Gerichte besonders vorsichtig."

Das Nachrichtenmagazin „profil" hat 1991 diesen wegen der Popularität der Schauspielerin Sarnitz so kommentiert: „Anwalt Zach untertreibt: Wenn zu Unrecht von der Strafjustiz verfolgte Bürger Ersatz für Seelenqual, Verdienstentgang und (Anwalts-)Kosten verlangen, sagt das Strafrechtliche Entschädigungsgesetz: Geld gibt es nur für gesetzwidrige Haft und/oder für später nachgewiesene Unschuld. Man kriegt also nichts, wenn man aufgrund einer falschen Zeugenaussage eingesperrt worden war, und ein bloßer Freispruch im Zweifel genügt auch nicht." Die renommierte Zeitschrift weiter: „Wenn die Justiz trotz eines Freispruches oder der Einstellung des Verfahrens auch nur den Hauch eines Verdachtes als fortbestehend behaupten kann, braucht sie keine Entschädigungen zu verantworten." Im Klartext: Sie zahlt so selten, wie es nur geht.

Der findige Masseverwalter

Der Fall Leopoldine Rabenhaupt
Steiermark, 1984–1994

Für die Bergbäuerin Leopoldine Rabenhaupt aus dem obersteirischen Öblarn schien die Sache zuerst wie ein ziemlich lukratives Geschäft. Als die Angelegenheit zu Ende war, stand sie jedoch am Rande des Ruins und hatte ihren Glauben an die Gerechtigkeit der österreichischen Rechtsprechung auf immer und ewig verloren.

Im Jahr 1984 verpachtet die damals 54-Jährige elf Hektar Grund für einen Golfplatz bei Schloss Pichlarn an die „Hotel- und Golfbetrieb Pichlarn KG". Pachtzins: 60.000 Schilling, knapp 4300 Euro, pro Jahr. Für eine hart schuftende Bergbäuerin ein ernsthaftes Zubrot.

Was Rabenhaupt nicht ahnt: Hinter dem Golf- und Hotelbetrieb steckt eine kompliziert verschachtelte Firmenkonstruktion. Das führt dazu, dass nicht die „KG" (Kommanditgesellschaft), sondern eine „Schloss Pichlarn GmbH" den Pachtzins bezahlt. Das ist alles kein Malheur, solange der Betrieb gut läuft.

Doch 1988 geht diese „GmbH" in Konkurs. Nun schlägt die Stunde des zuständigen, äußerst findigen Masseverwalters. Dessen vorrangige Aufgabe ist es, die Gläubiger der „GmbH" zu befriedigen. Er kommt bei der Durchforstung der Unterlagen dahinter, dass Frau Rabenhaupt nicht von der „KG", wie vertraglich eigentlich vorgesehen war, sondern eben von der „GmbH" bezahlt wurde. Also fordert er – seiner Meinung nach gemäß dem Buchstaben des Insolvenzrechtes – dieses Geld zurück, da es dem Massevermögen der „GmbH" und somit deren Gläubigern (sowie seiner Aufwandsentschädigung) zustehe. Rabenhaupt weigert sich empört, der Masseverwalter wählt den Klagweg.

Für die einfache Bergbäuerin beginnt nun eine Odyssee durch den Mahlstrom juristischer Spitzfindigkeiten und Haarspaltereien. Zuerst einmal weisen zwei Instanzen – das Kreisgericht in Leoben und das Oberlandesgericht in Graz – das Begehren des Masseverwalters kategorisch zurück. Begründung: Die „GmbH" und die „KG" seien wirtschaftlich eng miteinander verbunden. Außerdem waren auf dem Zahlschein beide Firmen vermerkt. Rabenhaupt hätte also nicht erkennen müssen, dass sie den Zins von der falschen Adresse bekam.

Doch der Oberste Gerichtshof in Wien sah das anders. Er entschied in einem formaljuristischen Lapidarurteil zugunsten der „GmbH" und gab der Klage des Masseverwalters statt. Die inzwischen 66-Jährige musste sowohl den Pachtzins zurückzahlen als auch die Gerichts- und Anwaltskosten blechen – immerhin rund 200.000 Schilling (mehr als 14.000 Euro) und stand vor den Trümmern eines vermeintlich guten Geschäfts. Zwar wurde ihr 1994 in einer Grundrechtsbeschwerde vom Europäischen Gerichtshof recht gegeben. Doch davon hat sie nichts mehr.

Blausäure zum Frühstück

Der Fall Katharina Steiner
Wien, 1878–1882

Der Wiener Rechtsanwalt Max Neuda (1831–1911) galt in der Monarchie als der Doyen der Strafverteidigung. In seinen Erinnerungen schildert er einen Fall, der reichlich Stoff für ein packendes Boulevard-Dramolett bietet. Neuda berichtet folgende Geschichte: „Im Jahre 1878 wurde ich zu Katharina Steiner gerufen, um sie zu verteidigen. Sie stand unter Anklage, die Katharina Balogh ermordet zu haben. Sie waren Nachbarinnen gewesen und lebten von der Prostitution. Am Morgen des 3. April gegen 9 Uhr fand man die Balogh in ihrem Zimmer erwürgt. Sie war auch mit Fußtritten misshandelt worden. Die Hausleute sagten aus, dass noch um sieben Uhr morgens ein junger Mann bei der Balogh gewesen sei und mit ihr gefrühstückt habe. Die Tat musste also zwischen sieben und neun Uhr morgens verübt worden sein."

Es war bereits eine sehr gründliche Voruntersuchung erfolgt, die zahlreiche Verdachtsmomente gegen die beharrlich leugnende Katharina Steiner ans Licht förderte und eine scheinbar lückenlose Indizienkette ergab.

Neuda weiter: „Es hatten zwischen dieser – der Angeklagten – und der ermordeten Balogh Misshelligkeiten und eine hochgradige Eifersucht bestanden, denn die Getötete war von besonderer Schönheit. Einzelne Zeugen hatten Drohungen der Katharina Steiner gehört, nach welchen sie der Balogh ans Leben gehen wollte. Sie war von gewalttätigem, ausartendem Charakter und von ungebändigter Wildheit. Sie befand sich in der Umgebung der Balogh, ihr Benehmen bei der Entdeckung des Mordes war ein auffälliges. Es wurde ihrer Vergangenheit nachgeforscht, sie war schon öfters bestraft, auch wegen Diebstahls. Ihre seit dem Tode der Balogh bestandene Furcht, alleine zu sein, wurde als

Ausdruck ihres bösen Gewissens gekennzeichnet. Ihr unruhiges Wesen, ihr Aufschreien im Traum, einzelne Verdacht erweckende Reden, die sie mit ihren Zellengenossinnen geführt haben sollte, all das wurde gegen sie ins Feld geführt, und so hatte sich bei dem Vorsitzenden der Hauptverhandlung die Überzeugung eingewurzelt, dass die Angeklagte wirklich die Mörderin der Balogh sei."

Tatsächlichen Beweis gab es keinen. Aber die Anklage konnte bei dem ganzen Arsenal von Indizien aus dem Vollen schöpfen, vor allem, weil es an Lügen und Widersprüchen seitens Steiner nicht mangelte. Außerdem führte sie sich in der Schwurgerichtsverhandlung derart frech und ungeschickt auf, dass sie sämtliche Sympathien verspielte. „Mit bunten Bändern aufgeputzt, liebäugelte sie mit dem Publikum", so Neuda. „Ihr Mienenspiel und ihr herausforderndes Wesen standen im schroffsten Widerspruch zur Schwere der Anklage. Zugleich legte sie eine so ungestüme Heftigkeit an den Tag, dass eine Disziplinarstrafe von drei Tagen Dunkelarrest über sie verhängt werden musste."

Katharina Steiner wurde des Mordes schuldig gesprochen und zum Tode verurteilt. Verteidiger Neuda legte Nichtigkeitsbeschwerde ein. Auf diese hin machte das Berufungsgericht, der sogenannte Kassationshof, von seiner Befugnis gemäß § 362 der damals gültigen Strafprozessordnung Gebrauch, indem er das Todesurteil kassierte und, „nach seiner freien Überzeugung das Urteil schöpfend", die Angeklagte wegen Totschlags zu sieben Jahren schweren Kerkers verurteilte.

Max Neuda berichtet später, dass ihm vom Generalprokurator wie von den Richtern beider Instanzen in Privatgesprächen stets versichert worden sei, es sei nach reiflicher Erwägung des Falles und nach eingehendem Studium der Akten ihre unerschütterliche Überzeugung, dass niemand anders als Katharina Steiner den Tod der Balogh verschuldet habe.

Der Jurist Erich Sello, Autor der umfangreichen „Geschichte der Justizmorde 1797–1910", kommentiert dies punktgenau so:

„Unerschütterlich – und doch falsch. Überzeugung – und doch ein Irrtum."

Denn vier Jahre später stellte sich der wahre Mörder. Es war der junge Mann, der am Morgen des 3. April 1878 mit der Balogh gefrühstückt hatte. Er gestand, dass er sich bei ihr mit Blausäure habe vergiften wollen. Doch aus Versehen habe die Balogh von dem Gifttrank, den er zubereitet hatte, getrunken. Das war ihr Todesurteil. Um zu verhindern, dass sie um Hilfe rief und er erwischt werde, habe er sie kurz entschlossen erwürgt. Neuda: „Der Täter war ein Wahnsinniger." Katharina Steiner wurde kurz danach, nach vier Jahren, die sie unschuldig hinter Gittern verbracht hatte, auf freien Fuß gesetzt und im Zuge der Wiederaufnahme des Verfahrens freigesprochen.

Wenn Kinder lügen

Der Fall Istvan Bratoly
Niederösterreich / Wien, 1968–1973

Für den 62-jährigen Istvan Bratoly (Name geändert) ist es eine späte Genugtuung, als er im März 1973 durch ein Schöffengericht am Wiener Grauen Haus nach bangen fünf Jahren und vom Vorwurf der Schändung eines neunjährigen Kindes freigesprochen wird. Bis dahin hatte er bereits acht Monate schweren Kerkers verbüßt.

Die tragische Vorgeschichte: 1968 wird der Ungarn-Flüchtling in einem Lager bei Hinterbrühl in der Nähe von Wien von einer Landsmännin angezeigt. Und zwar, weil er sich angeblich an deren Tochter vergangen habe. Das Mädchen hätte die „Tat" ihrer Mutter weinend erzählt.

Bratoly bestreitet während der Hauptverhandlung diese Beschuldigung, wird aber wegen eines psychiatrischen Gutachtens verurteilt. Denn der damalige Sachverständige Heinrich Gross bescheinigt dem Mädchen unbedingte Glaubwürdigkeit. Und Bratoly wandert hinter Gitter. Unschuldig, wie sich nach fünf Jahren unermüdlicher Anstrengungen seines Anwaltes Peter Stern herausstellt.

Immer wieder bringt der Star-Jurist Wiederaufnahmeanträge ein, legt einen neuen entlastenden Hinweis nach dem anderen vor. Erst der letzte dieser Anträge, der die Glaubwürdigkeit der damaligen Zeugin erschüttert, hat Erfolg: Der angebliche Kinderschänder Bratoly wird nach fünf Jahren in zwei Verhandlungen freigesprochen. Und Gross muss zugeben: „Hätte ich damals das Material über das Mädchen vorliegen gehabt, das ich jetzt bekommen habe, wäre mein Gutachten seinerzeit anders ausgefallen. Inzwischen muss man große Bedenken gegen die Ehrlichkeit des Mädchens äußern." Merke: Lügen habe schlimme Folgen – für zu Unrecht Beschuldigte.

Eifersucht und Geltungsdrang einer Göre

Der Fall Josef Buxbaum
Wien, 1959–1962

Im August steht der damals 43-jährige Goldschmied Josef Buxbaum aus Wien-Hernals vor Gericht. Seine damals 13-jährige Stieftochter bezichtigt ihn der mehrfachen Notzucht und Schändung.

Buxbaum beteuert verzweifelt seine Unschuld, doch vergeblich. Das Gericht schenkt dem Mädchen Glauben. Auch wegen eines psychiatrischen Gutachtens, das sie als Vorbild an Wahrheitsliebe preist.

Buxbaum wird zu zweieinhalb Jahren Kerker verurteilt und in der Strafanstalt Stein eingesperrt. Eine Nichtigkeitsbeschwerde lehnt der Oberste Gerichtshof ab, ebenso wie einen Antrag auf Wiederaufnahme des Verfahrens. Doch nach eineinhalb Jahren wird er wegen guter Führung, seiner bis dahin nachweislichen Unbescholtenheit und aufgrund seines guten Leumunds bedingt entlassen.

Und nun packt das junge Mädchen Helga die Reue. In einem Brief an Buxbaums Anwalt gesteht sie, den zweiten Mann ihrer Mutter zu Unrecht belastet zu haben und schreibt: „Ich habe mir eingebildet, dass mir der Stiefvater die Mutter weggenommen hat, seit beide zusammenleben. Deshalb habe ich mir diese Anschuldigungen ausgedacht." Sie würde aber nun einsehen, welche Dummheit sie damit begangen habe.

Dieser Brief führte endgültig zu einer Wiederaufnahme des Verfahrens und schließlich zu einer Rehabilitierung von Josef Buxbaum, also der Einstellung des Verfahrens, was einem Freispruch gleichkommt. Diesmal stellt der Gerichtspsychiater bei der jungen Frau einen Eifersuchtskomplex und einen „gewissen Geltungsdrang" fest. Ob auch das Verfahren auf Haftentschädigung Erfolg hatte, weiß man heute nicht mehr.

Wenn Gier zum Verhängnis wird

Der Fall Juliane Stracher
Südösterreich, 1886–1890

Kleine Vorbemerkung: Die Beschreibung dieses Falles stützt sich auf einen Bericht des damals zuständigen Staatsanwalts Dr. Nemanitsch. Die Namen sämtlicher Personen wurden von ihm geändert, selbst der Ort des Geschehens ist anonymisiert, was hier beibehalten wird. Der Dramatik dieser Causa tut das jedoch keinen Abbruch. Sie trug sich im Jahre 1886 in dem kleinen südösterreichischen Dorf F. zu.

Dort wird am Morgen des 28. Oktober unter dem Vordach der Scheune des Bauern Andreas Ursitsch die Leiche der 34-jährigen Juliane Stracher entdeckt. Sie ist fürchterlich zugerichtet, ihr Schädel völlig zertrümmert.

Das ganze Dorf will sofort wissen, wer der Mörder gewesen sei. Nur der Lederer Gregor Amberger könne diese schädliche Tat begangen haben. Und tatsächlich scheint alles für diesen Verdacht zu sprechen.

Amberger ist in der Gemeinde als rachsüchtig und gewalttätig bekannt. Obwohl er verheiratet und Vater zweier ehelicher Kinder (von einer sehr eifersüchtigen Gattin) ist, hatte er über Jahre hinweg ein Verhältnis mit Stracher unterhalten, dem im Laufe der Zeit vier Kinder entsprungen sind. Nun war Juliane Stracher wieder schwanger, laut Obduktion im siebten Monat. Außerdem sei das Opfer in seinen Geldansprüchen unersättlich gewesen.

Immer wieder war es zwischen den beiden in aller Öffentlichkeit zu wüsten Auseinandersetzungen gekommen, vor allem dann, wenn die Frau von ihm guter Hoffnung gewesen sei. Nicht selten hatte er sie unbarmherzig misshandelt und unter Stockhieben über den Markt gejagt sowie gedroht, sie umzubringen. Außerdem berichtet der Zeuge Gustav Pichler, er habe am Sonntag vor der Tat beobachtet, dass Juliane Stracher nach einem heftigen Streit aus dem Hause von Amberger gelaufen sei, danach drohend die geballte Faust erhoben und gerufen habe: „Ich werde euch beim Bezirksgericht anzeigen."

Der Hintergrund dafür ist allen im Dorf bekannt: Etwa sieben Jahre zuvor, am 30. September 1879, war ein Wirtschaftsgebäude Ambergers ein Raub der Flammen geworden, was dem Mann eine Brandentschädigung von 3000 Gulden einbrachte. Erst 1882 regte sich der Verdacht der Brandstiftung, weil Stracher, nicht selten im Rausch, verschiedenen Bewohnern anvertraute, sie hätte auf Druck von Amberger das Feuer gelegt. Eines Winterabends war sie sehr stark angeheitert auf die Straße gestürzt und hatte Amberger weithin hörbar vorgehalten: „Du hast mich angestiftet, dass ich dein Wirtschaftsgebäude angezündet habe. Und für dich habe ich schon mehr als 200 Gulden gestohlen." Die Motivlage war also für alle ziemlich eindeutig.

Auch für die sofort ermittelnden Beamten, die am 29. Oktober 1886 den Nachbarn Franz Prenner vernehmen. Er berichtet, Juliane Stracher habe ihm schon kurz nach dem Brand anvertraut, Amberger habe sie dazu überredet, den hochversicherten Meierhof anzuzünden. Als Lohn für ihr Stillschweigen hätte er ihr das lebenslange Wohnrecht auf seinem Anwesen versprochen. Doch immer öfter sei es zu Streit und Schlägereien gekommen, Amberger hätte sogar glaublich gedroht: „Ich werde den Teufel erschlagen." Im Gegenzug hätte Juliane gemeint, sie werde ihn wegen des Feuers „hineinbringen", worauf Amberger sie abermals mit Geld beschwichtigt hätte. Erst kurz vor dem Mord, als Amberger durch den Verkauf von einer Menge Hopfenstangen einen hohen Erlös erzielt habe, hätte Stracher zum Zeugen und Nachbarn Prenner gemeint, jetzt müsse ihr Liebhaber etwas für sie und ihre Kinder für den Winter hergeben, sonst gehe sie zum Bezirksgericht und würde ihn wegen der Brandlegung anzeigen.

Erst am Abend des 27. Oktober, dem letzten im Leben von Juliane Stracher, ist es deswegen zwischen ihr und Amberger wieder einmal zu einem gewaltigen Streit gekommen, sagt eine weitere Zeugin, die Schwiegermutter des Verdächtigen. Sie berichtet, dass um die Zeit des „Ave-Maria-Läutens", also gleich nach Sonnenuntergang, die beiden ehelichen Kinder von Amberger zu ihr ins Zimmer gestürzt seien, weil sie die Mutter fortgeschickt habe, da sich ihr Vater und Juliane schon wieder in die Haare geraten sind. Die Schwiegermutter wird praktisch zur Ohrenzeugin: „Ich hörte bald darauf einen plötzlichen Aufschrei, der mir von der Stimme der Juliane herzurühren schien. Worauf dann alles still wurde."

Die Behörden zweifeln keinen Moment daran, dass dies ihr letzter Laut war. Es gibt auch niemanden, der sie nach diesem Vorfall lebend gesehen hat. Und ihre Leiche ist, als man sie findet, mit einem männlichen Männerrock bekleidet, der Amberger gehört, was er auch zugibt. Selbst die Wahl des Tattages spricht gegen den Verdächtigen. Der einzige nicht zur Familie gehörende

Hausgenosse war auf Außenarbeit abwesend. Die Kinder wurden zur Großmutter geschickt. Für Amberger und seine Frau war das Feld frei, Stracher um die Ecke zu bringen.

Sein Motiv: Endlich die geldgierige Erpresserin und Mitwisserin seines Geheimnisses loszuwerden. Ihr Motiv: Sich für alle Zeit der verhassten Nebenbuhlerin zu entledigen.

Noch ein Indiz scheint die Beweiskette lückenlos zu schließen: Die untersuchenden Sachverständigen kommen zur Überzeugung, dass Juliane Stracher nicht an der Fundstelle ihrer Leiche getötet wurde. Denn die grauenhaften Verletzungen hätten zu einem beträchtlichen Blutverlust führen müssen, aber man fand nur geringe Blutspuren. Allerdings entdeckt man auch im Haus von Amberger nur Reste von Vogelblut auf einer Scheunentreppe. Außerdem erweisen sich ein paar verdächtige Flecken auf einer Hacke sehr bald als Rost. Dennoch wird von den Experten „mit apodiktischer Sicherheit" angenommen, dass die beiden mutmaßlichen Täter in der Lage gewesen wären, eventuelle Blutlachen noch rasch zu beseitigen.

Unterstützt wird diese Annahme von der Aussage einer weiteren Zeugin, der Nachbarin Maria Bacher. Sie gibt an, sofort, nachdem sie von der Bluttat gehört habe, zu Frau Amberger gerannt zu sein und diese auf den Kopf zu gefragt zu haben: „Wo habt ihr denn die Julie? Sie ist ja erschlagen." Die Ambergerin hätte das Wort „erschlagen" völlig teilnahmslos wiederholt. Gregor Amberger wäre im Gesicht zuerst ganz rot und gleich darauf total blass geworden. Unmittelbar darauf, als sie sich unbeobachtet gefühlt hätte, rannte die Gattin Ambergers flugs zum Bach hinunter und wusch dort „etwas" aus. Was könnte das anderes gewesen sein als die blutgetränkten Kleidungs- und Wäschestücke, so der allgemeine Verdacht.

Falls jetzt noch irgendein Zweifel an der Schuld von Gregor Amberger bestanden hat, er selbst räumte ihn im Zuge seiner Aussagen und Vernehmungen vollends aus, indem er eine Lüge nach der anderen auftischte.

Seine Version Nummer eins: Stracher habe ihn gegen sechs Uhr abends verlassen, um den 16-jährigen Franz Knauz, mit dem sie schon früher Zusammenkünfte gehabt hätte, zu einem intimen Stelldichein zu treffen. Wegen der Kälte habe er ihr den abgetragenen Rock gegeben.

Die Polizei überprüft diese kaum glaubwürdigen Angaben. Franz Knauz ist ein schwächlicher, halbwüchsiger Bursche, der überall als bescheiden und „sittenrein" bekannt ist. Seine Eltern weisen die Verdächtigung, er hätte mit dieser allseits gemiedenen, noch dazu wenig ansehnlichen, mehr als doppelt so alten Dirne ein Verhältnis gehabt, entrüstet zurück.

Vielmehr versichern sie, ihr Sohn habe sich bereits um sechs Uhr abends zu Bett gelegt und sei erst gegen Mitternacht zur beginnenden Backarbeit wieder aufgestanden. Der Beschuldigte erklärt, dass dieser Vorhalt eine reine Verleumdung sei: „Ich selbst weiß, dass sie einmal schreiend zu unserem Hause gelaufen kam, Kopfverletzungen zeigte und beifügte, dass ihr Gregor Amberger dieselben beigebracht habe."

Dieser jedoch bleibt hartnäckig und präsentiert nun seine Version Nummer zwei, um den Verdacht von sich auf Franz Knauz abzuwälzen: Am 24. Oktober 1886 habe sie durch ihren dreizehnjährigen Sohn Johann einen Zettel an den jungen Knauz geschickt. Inhalt: Er solle Geld für sie bereithalten. Durch ein Versehen sei dieser Wisch in die Hände des Brotausträgers Valentin Pestera geraten, worauf es zu einem Zank zwischen Juliane und Franz gekommen sei. Dieser Zeuge beschreibt die Geschichte jedoch als völlig aus der Luft gegriffen: „Ich glaube nichts von diesem Verhältnis, weil Franz K. noch zu schüchtern und zu jung ist. Und ein solches Verhältnis in einem Orte wie F. gewiss nicht unbekannt geblieben wäre."

Kurzum: Gregor Ambergers Verteidigungsstrategie bricht in sich zusammen. Einer der Dorfältesten, Franz Plattner, gibt ihm schließlich den Rest, indem er die öffentliche Meinung auf den Punkt bringt: „Ich kann mich der festen Überzeugung nicht ver-

93

schließen, dass niemand anderer als Gregor Amberger, um dem ewigen Drängen wegen Geld zu entgehen und die Mitwisserin seines Geheimnisses zu beseitigen, an Juliane Stracher Hand gelegt hat. Ich wüsste auch nicht, wer außer Gregor Amberger an dem Tode von Juliane Stracher, die ja gar kein Vermögen besaß, ein Interesse hätte."

Die Geschworenen sprechen den Angeklagten des Mordes und der Mitschuld an der Brandstiftung einstimmig für schuldig. In dieser Zeit bedeutet das: Todesurteil.

Doch nun kommt eine juristische Haarspalterei ins Spiel. Denn die Brandstiftung, für die er gleichzeitig schuldig gesprochen worden war, rettete ihn vor dem Strang. Auf Grundlage des damals gültigen Rechts sah die Sache so aus:

Amberger hatte die Brandstiftung im Jahre 1879 verübt. Durch ein Urteil vom 10. Oktober 1885 war er auch noch wegen eines im Jahr 1884 verübten schweren Diebstahls zu drei Monaten schweren Kerkers verurteilt worden, die er auch abgebüßt hat. Der Bericht von Staatsanwalt Nemanitsch schildert nun folgendes juristisches Dilemma: „Nach zu dieser Zeit gültigem österreichischen Recht hätte, wenn alle drei Straftaten zusammen abgeurteilt worden wären, für alle zusammen nur auf Todesstrafe erkannt werden dürfen. Wäre also nach Verbüßung der drei Monate Kerker noch auf Todesstrafe erkannt worden, so würde hierin, nach Ansicht des Gerichts, eine Verschärfung der Todesstrafe gelegen haben, die durch das Gesetz verboten ist. Weil also Amberger noch mehr verbrochen hatte als das für sich allein durch die Todesstrafe rechtfertigende Verbrechen des Mordes, durfte er nicht zu dieser Strafe verurteilt werden."

Also wird der vermeintliche Täter zu lebenslänglicher Haftstrafe verdonnert und tritt diese am 30. Juli 1887 an. Alle sind der Meinung, dass trotz der vorangegangenen juristischen Spitzfindigkeiten Sühne gefunden ist. Doch dem ist nicht so. Denn Gregor Amberger war gar nicht der Mörder. Es war der angeblich so unschuldige Franz Knauz, der niemandem ein Haar krümmen könne.

Diese Wahrheit kommt erst etwa zwei Jahre später ans Licht. Seit dem Frühjahr 1889 beschäftigt der örtliche Bäckermeister Georg Pfitzer zu seiner vollsten Zufriedenheit einen jungen Gesellen. Der ist heiteren Gemüts und von festem Charakter, meidet jede, insbesondere weibliche Gesellschaft und ergötzt sich in seiner Freizeit an Laubsägearbeiten und dem Zitherspiel. Es ist Franz Knauz.

Am 20. Jänner 1890 wird er mit aufgeschnittenen Blutadern in seinem Zimmer gefunden und gerade noch gerettet. Er überlässt zwei Abschiedsbriefe. Im ersten, der an das Gericht adressiert ist, schreibt er: „Mit Freuden will ich bekennen meine Tat, die ich begangen. Das harte Herz ist erweicht, und mein Gewissen will es nicht, dass ich noch geheim halte, was mich quält. Ich bin der Mörder von Juliane S., und der unglückliche Gregor A. muss meine Strafe verbüßen. Ich unglücklicher Mensch war von dem Bösen so weit verführt."

In seiner zweiten Abbitte, an die Eltern gerichtet, heißt es wörtlich: „Ich unglücklicher Mensch bin nicht mehr wert, von Ihnen als Sohn genannt zu werden, da ich mich so weit in ein Unglück gestürzt habe, das noch kein Mensch in der Welt weiß. Ich bitte Euch, mir das zu verzeihen, was ich jetzt begehren will. Ich will Euch mein Verbrechen bekennen. Ihr lieben Eltern habt mich christlich erzogen, aber mein schlechtes Gewissen wollte nicht hören auf Euere Reden und Mahnungen und daher hat mich der Böse zu einer schlechten Tat verführt. Schon vier Jahre quält mich mein böses Gewissen, da der Unglückliche meine Strafe büßen muss. Ich wollte nur die Schande und den Spott für Euch geheim halten, allein mein Gewissen hält es nicht aus. Verzeihet Euerem unglücklichen Sohne."

Vor Gericht legt Franz Knauz ein umfangreiches Geständnis ab: Demnach hatte Juliane Stracher Anfang 1886 den gänzlich unerfahrenen Jüngling nach allen Regeln der Kunst verführt.

95

Wiederholt trafen sie einander. Nach einiger Zeit eröffnete sie ihm, dass sie guter Hoffnung sei. Und setzte ihm gleich mit Erpressungen und Forderungen zu. Anfangs schaffte er es noch, seinen Eltern Lebensmittel, Geld und auch Branntwein zu stehlen. Aber ihre Ansprüche wurden größer und größer, und er wusste bald weder aus noch ein.

Staatsanwalt Nemanitsch berichtet weiter: „Zwei Tage vor der Tat ging sie ihn wiederum um sechs bis acht Gulden an. Er konnte sie ihr nicht geben und beschloss, die überlästige Quälerin zu töten. Am Nachmittag des 27. Oktober mahnte sie ihn um das Geld. Nun war ihr Geschick besiegelt. Er bestellt sie auf den Abend, wenn es recht finster sein werde, in den väterlichen Garten. Gegen sieben Uhr schlich er sich unbemerkt aus dem Schlafzimmer, um Juliane zu treffen. Er forderte sie auf, mit ihm zu der Scheune des Andreas Ursitsch zu gehen, da sie dort sicherer seien. Eine kurzstielige Holzhacke, die er schon tags zuvor neben der Hütte versteckt gehabt hatte, nahm er mit hinaus. Dort habe sich, so gab er weiter an, Juliane Stracher ungeheißen rücklings und mit gespreizten Beinen auf einen Möhrenhaufen gelegt und ihn aufgefordert, sie zu gebrauchen. Er aber habe sich auf sie gelegt und sie alsbald durch Schläge mit der Hacke getötet. Am nächsten Tage habe er den Stiel der Hacke in der väterlichen Holzkammer in drei Teile zersägt und Holz und Eisenteile in den Abort geworfen."

Soweit der Bericht des Staatsanwaltes, der sich als wahr herausgestellt hat. Im Klo findet man unter Massen von Exkrementen die Hacke, selbst deren Öse steckt noch im abgesägten Stiel. Franz Knauz wird wegen seiner damaligen, zum Zeitpunkt der Tat, Jugend zu sieben Jahren Kerker verurteilt. Gregor Amberger wird – trotz des Vorwurfs der Brandstiftung – freigesprochen. Und von den Sachverständigen, die mit „apodiktischer Sicherheit" vermeint hatten, die Leiche sei nicht an ihrer Fundstelle ermordet worden, hat niemand mehr Genaueres gehört.

Verdacht auf Ritualmord

Der Fall Leopold Hilsner
Niederösterreich / Böhmen, 1899

Es ist der Abend des 29. März 1899, zwei Tage vor Ostern, als die 19-jährige Agnes Hruza, nach einem harten Arbeitstag bei einer Schneiderin in der böhmischen Kleinstadt Polna, zu ihr nach Hause ins idyllische, drei Kilometer entfernte Dorf Klein-Wiesnitz aufbricht. Doch dort kommt sie nie an.

Am nächsten Tag wird ihre Leiche mit einer tiefen Schnittwunde am Hals am Wegesrand aufgefunden. Alle Ermittlungen der Polizei verlaufen im Sand. Erst als sich drei Wochen später ein Fuhrmann meldet, ergibt sich eine vage Spur. Er behauptet, dass am Abend des Mordtages drei Juden „in eiliger Hast" an ihm vorbeigelaufen seien und im Regen exakt jenen Weg eingeschlagen hätten, den Agnes Hruza immer als Heimweg benutzt hat. Einer der drei Männer sei sicher ein gewisser Leopold Hilsner gewesen.

Nun beginnt ein unheilvoller Prozess voller Lücken, Fehler und Fragwürdigkeiten. Zwar wird festgestellt, dass es am fraglichen Abend überhaupt nicht geregnet hat, doch Hilsner, ein gebürtiger Niederösterreicher, wird aufgrund der Aussage des Fuhrmanns festgenommen und angeklagt. Und zwar wegen des Verdachts auf Ritualmord, denn ein medizinisches Gutachten meint, dass die Leiche „auffallend wenig Blut" enthalte. Hilsner wird nach einer lediglich fünftägigen Verhandlung vom Schwurgericht in Kuttenberg zum Tode verurteilt. Sein Verteidiger beruft und legt eine Analyse der medizinischen Fakultät der Universität Prag vor, die das ursprüngliche gerichtsmedizinische Gutachten für falsch erklärt. Daraufhin wird das Urteil aufgehoben und der Fall zur neuerlichen Verhandlung an das Schwurgericht im böhmischen Pisek verwiesen.

Die Anklage bietet nun zwei neue Zeugen auf, die ebenfalls bestätigen, die drei Männer aus einer Entfernung von etwa 700

Metern gesehen und auch Hilsner erkannt zu haben. Er habe einen grauen Anzug getragen und seine rechte Hand auf einen weißen Stock gestützt. Der Umstand, dass es auf diese Entfernung und bei diesen abendlichen Lichtverhältnissen entweder Adleraugen oder ein Nachtsichtgerät braucht, wird nicht hinterfragt. Schlimmer noch: Hilsner wird in der Verhandlung ein zweiter, bis dahin ungeklärter Mord angelastet. Ein Jahr zuvor hatte man in einem Wald in der Nähe von Polna ein schrecklich abgemagertes Skelett entdeckt. Da etwa zeitgleich, im Juli 1898, eine junge Frau aus der Gegend, Marie Klima, spurlos verschwunden war, postulierte die Anklage kurzerhand, das seien Maries sterbliche Überreste, und Hilsner hätte sie gemeuchelt. Ob die Frau überhaupt einem Mord zum Opfer gefallen war, wird nicht hinterfragt.

Nun wird der 23-jährige Hilsner vom Schwurgericht Pisek wegen zweifachen Mordes abermals zum Tode verurteilt, kurz darauf jedoch zu lebenslangem Zuchthaus begnadigt. Weitere Begnadigungen oder gar ein Wiederaufnahmeverfahren hat es nie gegeben, obwohl für beide Anklagen weder ein hinreichender Tatverdacht noch irgendein Beweis vorgelegen hat. Dieses Fehlurteil blieb in Kraft. Hilsner ist Jahrzehnte später im Gefängnis verstorben.

Vatermord ohne Motiv

Der Fall Philipp Halsmann
Tirol, 1928–1930

Dieser Fall ist heute noch umstritten und wird nach wie vor in so manchen Rechtsseminaren thematisiert. Es geht um die Frage einer Verurteilung, obwohl der Angeklagte ganz offenbar gar kein Motiv für die Tat hatte. Und es geht um einseitige und mangelhafte Ermittlungsarbeiten, bei der sich die Beamten allzu früh auf einen Verdächtigen festlegen. Für Philipp Halsmann wäre diese Kombination beinahe zum tragischen Verhängnis geworden.

Die Geschichte trug sich so zu: Im Sommer 1928 befindet sich der jüdische Zahnarzt Max Halsmann mit seiner Familie auf einer ausgedehnten, anstrengenden Ferientour durch die Alpen. Bald sind seine Frau und seine Tochter so erschöpft, dass sie in Innsbruck Rast machen, während der Vater und sein Sohn Philipp den Trip durch die Tiroler Berge fortsetzen.

Philipp, 23, ist Student an der Technischen Hochschule in Dresden und gilt als etwas scheu und kontaktarm, jedoch guten und ernsten Charakters. Mit seinem Vater versteht er sich bestens. Wahrscheinlich deswegen begleitet er ihn auch auf die mehrtägige, schweißtreibende Wanderschaft durch die Zillertaler Alpen, obwohl er kein wirklich guter Bergsteiger ist.

Am 10. September 1928, kurz nach 14.00 Uhr, verlassen die beiden die Dominicus-Hütte und steigen ins Tal ab. Was nun in der kommenden Stunde wirklich passiert ist, weiß bis heute niemand, auf jeden Fall aber ein Verbrechen.

Zirka um 15.00 Uhr taucht Philipp auf einer Alm unterhalb der Hütte auf und bittet die Sennerin dringend um Hilfe – sein Vater sei verunglückt. Gemeinsam mit dem Viehhirten Riederer marschiert er zurück zur Unfallstelle, während die Sennerin aus einer talwärts gelegenen Gastwirtschaft Hilfe holt.

Philipp erzählt Riederer folgende Version: Sein Vater habe beim Abstieg von der Hütte wegen eines dringenden Bedürfnisses austreten müssen und er sei daher ein Stück vorausgegangen. Plötzlich habe er einen Schrei gehört, sich umgedreht und gesehen, wie sein Vater einen Hang hinunterrutschte. Etwa acht Meter unterhalb des Weges sei dieser am Rande eines Baches zum Liegen gekommen. Er sei „sofort" zu ihm hinuntergestiegen und habe den Vater so weit herausgezogen, dass der Kopf nicht mehr im Wasser lag. Er habe zwar ein paar rote Löcher auf dem Kopf seines Vaters bemerkt, aber er sei bloß bewusstlos gewesen und habe sicher noch gelebt.

Alarmiert von dieser Schilderung, läuft Riederer blitzartig zur Unglücksstelle voraus. Als Philipp etwa fünf Minuten später dort ankommt, ist sein Vater tot. Er liegt zur Gänze im Wasser und nicht mehr am Rande des Baches. Und auf seiner Stirn klafft eine breite Wunde, die er vorher nicht gesehen hat.

Philipp bleibt beim Toten zurück, Riederer steigt zur Dominicus-Hütte hinauf, um Männer und Tragbahre zu Hilfe zu holen. In der Zwischenzeit kommen zwei Touristen vorbei und fragen, was denn passiert sei. Philipp erzählt exakt die gleiche Geschichte, die er vorher auch Riederer geschildert hat. Bald treffen nun die Helfer ein, darunter auch der Wirt der Hütte, ein Mann namens Eder. Sofort meint er wortreich, er könne sich nicht vorstellen, dass es sich um einen Unfall handle. Das sei an dieser Stelle des Weges völlig unmöglich. Außerdem sei ihm der junge Halsmann bereits zu Mittag in der Hütte „unangenehm aufgefallen". Er glaube, Philipp hätte seinen Vater getötet. Der Bursche ist wie betäubt von diesen Anschuldigungen, setzt sich mit keinem Wort zur Wehr und verfällt in teilnahmslose Apathie, wie die Anwesenden berichten. Erst als die Gendarmerie eintrifft, schreckt er wieder hoch. Philipp Halsmann wird umgehend verhaftet und ins Untersuchungsgefängnis in Innsbruck gebracht.

Tags darauf beginnen die Ermittlungen mit einem Lokalaugenschein am Tatort. Tatsächlich findet ein Polizeihund nur wenige Meter von der Fundstelle der Leiche einen scharfkantigen Stein mit Blutspuren. Gutachten ergeben, dass dies die Tatwaffe ist. Laut den Professoren Meixner (Innsbruck) und Weingartner (Wien) steht fest: Das runde Loch am Hinterkopf von Max Halsmann muss durch acht bis zehn Hiebe entstanden sein. Die kleineren Wunden rund um das linke Ohr dürften durch etwa sechs Hiebe verursacht worden sein, die gewaltige, sieben Zentimeter breite, bis ins Gehirn reichende Stirnwunde durch einen einzigen wuchtigen Schlag. Der Täter muss von hinten angegriffen und in rasender Wut auf sein Opfer eingeschlagen haben.

Für die Ermittler ist der Fall klar, dennoch belassen sie Philipp zunächst im Glauben, es sei ein Unfall gewesen und erzählen ihm weder von dem gefundenen Stein noch von den Gutachten. Erst nach 13 Tagen wird ihm eröffnet, dass er eines Verbrechens verdächtig ist. Philipp bleibt bei seiner ersten Version, er habe seinen Vater nur ein Stück ins Trockene gezogen, damit er nicht ertrinkt. Doch die Sachverständigen sind zum Ergebnis gekommen, dass die Lage des Körpers von Max Halsmann nicht einmal, sondern zweimal verändert worden ist. Die Frage lautet also: Wer hat das getan?

Philipp Halsmann beginnt nun, sich in Widersprüchlichkeiten zu verstricken. Als Absturzort hatte er ursprünglich eine Stelle angegeben, an der er einen losen Randstein bemerkt haben will, auf den sein Vater offenbar beim Wasserlassen getreten und abgerutscht sei. Aber diese Stelle stimmt nicht mit dem tatsächlichen Absturzort überein. Dann ändert er seine Angaben zur Entfernung vom Vater. Zuerst hatte er gemeint, er sei bloß acht Schritte von ihm entfernt gewesen, als er den Schrei hörte. Nun meint er, es könnten auch 180 Schritte gewesen sein. Jedenfalls habe er drei bis fünf Minuten gebraucht, um zum Verunglückten zu gelangen.

Alles zusammen reicht der Staatsanwaltschaft, Anklage wegen Vatermordes zu erheben. Philipp Halsmann habe die Tat sorgfältig geplant und sogar den spitzen, scharfkantigen Stein genau ausgesucht – womit das Merkmal der Heimtücke gegeben sei. Über die Frage des Tatmotivs verliert die Staatsanwaltschaft kein Wort. Und auch die Möglichkeit, so spätere Analysen zu dem Fall, dass genau in jenem Zeitraum, in dem Philipp zur Alm lief, um Hilfe zu holen, eine dritte Person (vielleicht ein vorbeikommender Wanderer) den Vater ermordet haben könnte, wird mit keiner Silbe in Betracht gezogen.

Genau das ist indes der Kern der Verteidigungsstrategie, die Philipps Rechtsanwalt Pressburger vertritt. Er geht von folgender Version aus: Der herzkranke Max Halsmann habe während seiner Notdurft einen Schwächeanfall erlitten und sei deshalb abgerutscht. Die bei diesem Sturz zugezogenen Verletzungen seien relativ harmlos, jedenfalls nie und nimmer tödlich gewesen. Diese seien ihm erst später, genau innerhalb jenes Zeitraums, für die Philipp kein Alibi hat, von einem bislang Unbekannten zugefügt worden, der ihn erschlagen und ausgeraubt habe. Pressburger hofft, mit dieser Strategie einen berechtigten Zweifel an der Schuld von Philipp hervorzurufen, sodass das Rechtsprinzip „in dubio pro reo" zu einem Freispruch führen müsste.

Doch ohne Erfolg.

Am 16. Dezember 1928 beginnt vor dem Schwurgericht Innsbruck der Mordprozess gegen Philipp Halsmann, der weit über die Grenzen Österreichs hinaus für großes Aufsehen sorgt. Die Medien schreiben über „gesundes Volksempfinden", die Öffentlichkeit ist geradezu aufgehetzt, viele trauen diesem „Judenjungen" bei Stammtischgesprächen eine derartige Tat blindlings zu. Hatte nicht auch der Wirt gleich am Tatort gemeint, dass ihm Philipp unangenehm erschienen sei und er nicht daran zweifle, dass er seinen Vater ermordet hat? Und hat der Angeklagte selbst nicht wiederholt seine Angaben revidiert? Das könne doch nicht allein an Erinnerungslücken liegen.

Der Verteidiger bleibt hingegen unbeirrt bei seiner Raubmord-These und präsentiert voller Inbrunst etliche entlastende Argumente:

Erstens: Die vorher wegen noch zu erwartender Reisekosten gut gefüllte Geldbörse des Toten sei leer gewesen, als die Leiche abtransportiert wurde.

Zweitens: Auf der Kleidung von Philipp hätten sich keinerlei Blutspuren befunden. Wenn er dem Opfer tatsächlich die schrecklichen Wunden zugefügt hätte, ginge das wenigstens ohne Blutspritzer nicht ab.

Drittens: Der sensible und auch körperlich zarte junge Mann sei zu einer derart grausamen Tat gar nicht fähig. Alle Zeugen hätten sich außerdem sehr positiv über ihn geäußert. Ferner hatte er überhaupt kein Motiv, seinen Vater umzubringen.

Und viertens: Warum wurde eigentlich die Rolle des Viehhirten Riederer, der immerhin für ein Zeitfenster von etwa fünf Minuten kein Alibi aufweisen kann, nie näher untersucht?

Das Schwurgericht Innsbruck bleibt von dieser „Im Zweifel für den Angeklagten"-Strategie jedoch unbeeindruckt und verurteilt Philipp Halsmann wegen Mordes zu zehn Jahren schweren Kerkers – aus heutiger Sicht ein klares Fehlurteil. Dieses Verdikt spaltet die Bevölkerung. Die Nationalsozialisten, die auch in Österreich immer mehr Zulauf haben, jubeln darüber. Deren Gegner, darunter auch erfahrene Kriminalisten und renommierte Rechtsgelehrte, halten es für skandalös. An den Universitäten kommt es zu wütenden Protesten. Und schließlich meldet sich der Inhaber des Lehrstuhls für experimentelle Psychologie an der Universität Innsbruck, Professor Erismann, zu Wort und erklärt kraft all seiner fachlichen Autorität, der Mord sei nie und nimmer von Philipp Halsmann, sondern von einem bislang Fremden verübt worden. Die widersprüchlichen Aussagen von Philipp würden auf Selbsttäuschung beruhen und daher sei ihnen kein Gewicht beizumessen. Außerdem habe es das Gericht verabsäumt, die Widersprüche durch einen oder mehrere weitere Lokaltermine zu klären.

Daraufhin legt der Verteidiger beim Obersten Gerichtshof in Wien Nichtigkeitsbeschwerde gegen das Urteil ein. Dieser wird zwar stattgegeben, aber das Verfahren an dasselbe Gericht zurückverwiesen, welches das erste Urteil gefällt hatte. Das Schwurgericht Innsbruck holt nun entnervt ein umfangreiches medizinisches Gutachten über den Charakter von Philipp Halsmann ein. Resultat: Dem verschlossenen jungen Mann sei zwar kein Mord zuzutrauen, eine „vorsätzliche Körperverletzung im Affekt mit tödlichem Ausgang" aber schon.

Was wie eine juristische Hintertür für das Gericht klingt, scheint bei näherer Betrachtung absurd. Denn entweder hat Philipp seinen Vater mit mindestens 20 brutalen Schlägen bestialisch ermordet – warum soll er dann „nur" eine Körperverletzung mit tödlichem Ausgang verübt haben. Oder er hat die Tat eben nicht begangen.

Der neue Prozess beginnt am 9. September 1929 und der Staatsanwalt plädiert – ganz entgegen dem neuen Gutachten – abermals auf Mord. Die Geschworenen sprechen Philipp Halsmann mit sieben gegen fünf Stimmen diesmal vom Vorwurf des Mordes frei, befinden ihn aber mit acht gegen vier Stimmen des Totschlags für schuldig. Urteil: vier Jahre schwerer verschärfter Kerker. Der OGH weist eine neuerliche Beschwerde gegen dieses Urteil zurück. Es wird rechtskräftig.

Dass auch diese Entscheidung im Nachhinein gesehen ein Justizirrtum war, liegt nahe. Jedenfalls kam auch der damalige österreichische Bundespräsident Wilhelm Miklas zu dieser Überzeugung. Bereits ein halbes Jahr später, am 30. September 1930, wurde Philipp Halsmann von ihm begnadigt und bald darauf freigelassen.

Zwei Wochen davor war Adolf Hitler mit 130 Abgeordneten der NSDAP in den deutschen Reichstag eingezogen. Philipp Halsmann verzichtet auf ein Wiederaufnahmeverfahren, geht zuerst nach Paris und übersiedelt dann 1940 in die USA. Dort wird er ein erfolgreicher Fotograf.

Wer ist Joseph Skarke?

Der Fall Emil Wallenberg
Wien, 1877–1893

Viel weiß man bis heute nicht über den Mann. Nur so viel: Am 11. August 1877 beraubt der 20-jährige Tagelöhner Joseph Skarke in Wien einen Schuster, entkommt spurlos und ist seither verschollen. Die Behörden legen den Fall zu den Akten.

16 Jahre später wird die Causa wieder aufgerollt und entwickelt sich zu einem Drama. Das kam so: Am 11. Mai 1893 veröf-

fentlicht das Wiener „Illustrierte Blatt" das Foto eines gewissen Emil Wallenberg, der damals gerade in Untersuchungshaft sitzt. Laut Beschreibung ist er etwa 30 Jahre alt, rund 1,50 Meter groß und hat blonde Haare. Sein linker Fuß sei drei Zentimeter kürzer als der rechte.

Kurz darauf melden sich etliche Zeugen, die angeben, dieser Mann müsse der gesuchte Joseph Skarke sein, die Ähnlichkeit sei zu verblüffend. Wallenberg wird daraufhin Skarkes Stiefschwester gegenübergestellt, die ihn sofort wiedererkennt. Auch der beraubte Schuster identifiziert ihn als Täter, meint jedoch, damals habe er nicht gehinkt und sei ihm größer erschienen. Und auch einige frühere Schulkameraden meinen, dass es sich um den gesuchten Räuber handle.

Wallenberg wird umgehend wegen Raub und Diebstahl angeklagt. Im Zuge der Hauptverhandlung bestätigen mit Ausnahme eines früheren Arbeitskollegen alle Zeugen abermals, der Angeklagte sei Joseph Skarke. Nun schlägt die Stunde der Sachverständigen. Sie untersuchen die Frage der unterschiedlichen Körpergröße (1,50 zu zirka 1,65 Meter) und kommen zu dem Schluss, dass der Angeklagte in Folge seines Hinkens eine Verkrümmung seines Rückgrats erlitten habe. Dann werden noch ein paar dürftige Schriftproben von Wallenberg und Skarke vorgelegt, die der Gutachter als identisch qualifiziert. Also verurteilt das Schwurgericht Emil Wallenberg am 18. Oktober 1893 zu lebenslangem schweren Kerker.

Damit hat der Mann nicht gerechnet und erst jetzt gibt er seine wahre Identität preis. Er heiße in Wahrheit Florian Back, sei 1863 in Bayern geboren und ebenfalls Schuhmacher. Aber weil er wegen etlicher Straftaten gesucht werde, habe er den Namen Wallenberg angenommen. Neue Zeugen bestätigen diese Version und Florian Back wird in einem sofort eingeleiteten Wiederaufnahmeverfahren tatsächlich freigesprochen, da nun absolut sicher ist, dass er weder Wallenberg noch Skarke ist. Der wahre Täter Joseph Skarke konnte nie gefasst werden.

Die russische Kugel

Der Fall Wilhelm Gratzl
Niederösterreich, 1946–1958

Es geschieht ziemlich genau ein Jahr nach Ende des Zweiten Weltkriegs. In den Mittagsstunden des 8. April 1946 fallen vor dem Bauernhof des Vizebürgermeisters Friedrich Höllmüller im niederösterreichischen Habruck mehrere Schüsse. Der Mann bricht stöhnend zusammen und stirbt wenig später – jede Hilfe kommt zu spät.

Zeugen am Hof wollen den mutmaßlichen Schützen erkannt haben: Er sei zirka 1,60 Meter groß, blond und mit russischer Uniform bekleidet gewesen. Das sind in Zeiten der Besatzung noch keine wirklich griffigen Anhaltspunkte. Doch es wird auch auf ein besonderes Merkmal hingewiesen – der Täter hätte einen Goldzahn gehabt.

In der schwierigen, unmittelbaren Nachkriegszeit stehen Gewalttaten auf der Tagesordnung, und die Fahndung nach dem vermeintlichen Täter bleibt erfolglos. Erst zehn Jahre später wird dieser Mordfall wieder aufgerollt. Damals befindet sich der Arbeiter Wilhelm Gratzl, 33, in Haft und ein Zellengenosse behauptet: „Gratzl hat mir gegenüber diesen Mord eingestanden."

Am 19. September 1956 wird der Verdächtige vor einem Geschworenengericht in Krems unter dem Vorsitz von Richter Schlinger angeklagt und schließlich auch verurteilt. Allerdings unter Missachtung sämtlicher Regeln fairer Prozessführung. Gratzl kann ein lückenloses Alibi vorlegen, wonach er zur Tatzeit gar nicht in Habruck war, sondern in Wels für die amerikanischen Besatzungsmächte gearbeitet hatte – etwa 200 Kilometer vom Tatort entfernt. Die damalige Rechtsanwältin Englisch: „Dieses Alibi ist nachweisbar. Was will man da mehr?" Darüber hinaus hält es das Gericht nicht für notwendig, die Leiche des Ermordeten Höllmüller zu exhumieren und einen Gerichtsmediziner zur Untersuchung zuzuziehen.

Grund: Die Tat liege zehn Jahre zurück. Außerdem sagten genügend Zeugen aus, dass Gratzl der Täter sei. Die Geschworenen glauben diesen Zeugen. Sie beachten auch nicht, dass Gratzl weder blonde Haare noch einen Goldzahn hat und auch überdies wesentlich größer als der mutmaßliche Täter ist. Sie verurteilen ihn 1956 wegen Mordes gerade nicht zur Todesstrafe, die inzwischen abgeschafft worden ist.

Anwältin Englisch beantragt eine Wiederaufnahme des Verfahrens und hat tatsächlich Erfolg: Die Leiche des Opfers wird wenig später exhumiert und erstmals examiniert. Ergebnis: Die Gerichtsmediziner finden in ihr eine Kugel, die einwandfrei von russischer Herkunft ist. Und die nicht dem fälschlich verurteilten Wilhelm Gratzl zugeordnet werden kann. Wenige Wochen später wird der zu Unrecht Eingesperrte freigesprochen, gezeichnet von seiner Zeit hinter Gittern in der Strafanstalt Stein. Der wahre Täter ist nie gefunden worden.

Die verschwundene Tochter

Der Fall Johann Gawenda
Niederösterreich, 1881–1882

Im Sommer 1881 ist die 16-jährige Johanna Sroka mit einem Male wie vom Erdboden verschluckt. Man sieht und hört nichts mehr von ihr, und bald wird ein Verbrechen vermutet. Der Verdacht fällt schnell auf Johannas Stiefvater Johann Gawenda, der ihr spärliches Vermögen verwaltet, sie jedoch immer wieder geschlagen und vernachlässigt habe. Im Dorf erzählen die Kinder, Johanna sei von Gawenda und einem Nachbarn namens Gallus mit einer Hacke erschlagen worden. Und bei der Polizei gibt die siebenjährige Halbschwester von Johanna an, dass sie Augenzeugin dieser Tat gewesen sei. Nach einem ersten Hieb hätte Gawenda das junge Mädchen aus dem Bett gezogen, es entkleidet und so lange misshandelt, bis es tot war. Danach hätten die beiden Männer den Leichnam fortgetragen.

Gawenda und Gallus werden umgehend verhaftet und peinlich befragt. Tatsächlich gesteht Gawenda die Tat und schildert, wie er die Leiche unter einer nahen Weide verscharrt habe. Allein: Sie wird nie gefunden. Vor dem Schwurgericht widerruft Gawenda sein Geständnis. Es sei von der Polizei gewaltsam erpresst worden. Dennoch halten ihn die Geschworenen mit neun zu drei Stimmen für schuldig und verurteilen ihn zum Tode und Gallus wegen Beihilfe zu zehn Jahren Gefängnis.

Beide verschwinden hinter Gittern, allerdings nur relativ kurz. Denn kaum ein Jahr später taucht Johanna Sroka im Nachbardorf lebendig und wohlbehalten wieder auf. Sie gibt an, dass sie die Quälereien durch ihren Stiefvater nicht länger ausgehalten habe und einfach weggelaufen sei. Gawenda und Gallus werden im Wiederaufnahmeverfahren freigesprochen.

Aufgeschlitzt, ausgeweidet, aufgegessen

Der Fall Ritter
Westgalizien, 1881–1885

Kaum eine andere, wahrlich grausame Causa ist von so vielen „Peripetien" geprägt wie diese. Das seltene Wort leitet sich vom griechischen „peripeteia" („das plötzliche Umschlagen") ab und lässt sich grob als „entscheidender Wendepunkt" übersetzen. Davon gab es im Fall des Ehepaares Ritter etliche.

Die Geschichte spielt im damals zu Österreich, heute zu Polen gehörigen westgalizischen Dorf Lutcza. Dort verschwindet im Dezember 1881 die 40-jährige Franziska Mnich. Erst am 6. März 1882 wird ihre Leiche in einer Schlucht in der Nähe des Dorfes gefunden. Sie ist völlig verfault und durch Tierfraß stark beschädigt. Außerdem weist sie Verletzungen auf, die eine Tötung durch fremde Hand wahrscheinlich machen. Die obduzierenden Ärzte meinen, dass Franziska Mnich nicht an der Fundstelle ihrer Leiche gestorben, sondern erst nach dem Tode dort hingebracht worden sei. Ihr Befund ist eine Ansammlung grauenhafter Details: Der Täter habe der armen Frau zuerst die Besinnung geraubt und ihr dann den Hals abgeschnitten. Sie sei im dritten oder vierten Monat schwanger gewesen und man habe ihr von der linken Seite den Bauch aufgeschlitzt und den Embryo mit der Nachgeburt entnommen.

Für diese schier unfassbare Tat werden zwei mutmaßliche Gründe notiert:

- Entweder man habe die unreife Leibesfrucht zum Gießen von sogenannten Diebslichtern (eine Art Kerzen) benutzen wollen.
- Oder der Mörder habe versucht, die Spuren der Schwangerschaft zu beseitigen. Und zwar deswegen, „um die für Juden geltende rituelle Vorschrift zu erfüllen, wonach eine Frucht nach dem Tode der Mutter aus deren Leibe herausgenommen werde müsse" (Obduktionsbericht).

Erst viel später sollte sich das alles natürlich als totaler Humbug herausstellen. Aber damals fällt der Verdacht sofort auf die Familie des jüdischen Händlers Moses Ritter. Franziska Mnich hatte – zum Ärgernis der erzkatholischen Einwohner von Lutcza – die Familie Ritter aus Freundschaft tatsächlich oft besucht. Eine 80-jährige Bettlerin schwätzt herum, dass Moses Ritter und Franziska Mnich ein sexuelles Verhältnis gehabt hätten, sie von ihm geschwängert worden sei und er sie getötet habe, um die Schande von seiner Familie abzuwenden. Ein klassischer Rufmord.

Tatsächlich jedoch meldet sich im März 1882 ein gewisser Marzell Stochlinski bei den Behörden mit einem makabren Geständnis: Der Mord an Franziska Mnich sei eine vereinbarte Sache gewesen, und zwar zwischen ihm, dem Ehepaar Moser sowie dessen Töchtern Baile und Chaje, und noch am selben Tag im Keller des Hauses der Ritters ausgeführt worden. Man habe das Opfer dort hingelockt, es durch Schläge mit einer Hacke betäubt, zu Boden geworfen, und danach habe ihr Moses Ritter den Hals abgetrennt. Ritter habe ihm später auch erzählt, dass er „das" aus der Frau herausgenommen habe.

Stochlinski widerruft dieses Geständnis mehrmals, auch im Prozess, mit dem Hinweis, er sei von den vernehmenden Polizeibeamten durch Prügel dazu erpresst worden. Er stirbt während des Verlaufs der Verhandlung. Doch das Geständnis erscheint dem Gericht glaubwürdiger als dessen Widerruf. Am 21. Dezember 1882 werden Moses Ritter und seine Frau Gittel mit neun gegen drei Stimmen von den Geschworenen zum Tode verurteilt, die Töchter Baile und Chaje aber freigesprochen. All das wegen eines Geständnisses, das widerrufen worden ist. Natürlich legen die Verurteilten Nichtigkeitsbeschwerde ein.

Jetzt schlägt die Stunde der Gutachter. Und mit jedem Glockenzeichen dreht sich der Fall in eine andere Richtung. Zuerst einmal erwirken die Verteidiger eine Expertise des Obersanitätsrats und Professors der gerichtlichen Medizin an der Universität Wien, Dr. Eduard Hoffmann. Dieser renommierte Experte zerpflückt den Bericht der Obduzenten erbarmungslos und weist diesen Vertrauensmännern des Schwurgerichtes Rzeszow in jedem Punkt „Voreingenommenheit, Oberflächlichkeit, Leichtfertigkeit, Widersprüche und Unmöglichkeiten" nach. Im Detail kommen folgende Fehler zutage:

Laut Hoffmann hatten die untersuchenden „Ärzte" Luft- und Speiseröhre miteinander verwechselt. Außerdem erkannte der Fachmann: Vom anatomischen Standpunkt aus rechtfertige nichts die Annahme, dass die Leiche erst längere Zeit nach der Tat an den Fundort gebracht worden sei. Auch die Behauptung, dass die Mnich an der Durchschneidung des Halses gestorben sei, entbehre jeder anatomischen Begründung. Ebenso lasse sich die Angabe der Ärzte, dass der Leiche Bauch und Gebärmutter aufgeschnitten worden seien, wissenschaftlich nicht rechtfertigen. Die von diesen „Ärzten" bemerkten Zusammenhangstrennungen könnten ebenso durch die „hochgradige Fäulnis oder durch Tiere" verursacht worden sein. Selbst das „spurlose Verschwinden einer kleinen Frucht" – es habe sich nur um eine solche von drei Monaten gehandelt – „habe unter diesen Umständen nichts Auffälliges."

Am 7. Mai 1883 hebt der Berufungsgerichtshof das Urteil auf und übergibt die Sache einem Schwurgericht in Krakau, das bis zum 10. Oktober 1884 tagt. Es finden neue Beweiserhebungen statt, es erfolgen abermalige Gutachten, aber es gibt ein einstimmiges Urteil gegen die Ritters: Tod. Nochmals gewährt der Kassationshof eine „außerordentliche" Wiederaufnahme des Falles. Abermals geht das Spiel von vorne los, diesmal vor dem Schwurgericht in Krakau vom 15. bis 19. September 1885. Die Anklage führt zwei neue Zeugen ein, die nur antisemitisches Zeug von sich geben, aber keinen Beweis. Moses und Gittel Richter werden wieder zum Tode verurteilt und warten auf ihre Hinrichtung. Doch wie aus heiterem Himmel heraus werden sie am 3. März 1886 freigesprochen und entlassen. Denn der Kassationshof schenkt dem ursprünglichen Geständnis von Stochlinski keinen Glauben mehr.

Was aus der Familie Ritter geworden ist, weiß man nicht. Wer Franziska Mnich wirklich ermordet hat, ist ebenfalls bis heute unbekannt.

Eine besoffene Geschichte

Der Fall Anton Sappl
Tirol, 1974–1977

Dieser Fall bewegt sich in einer Grauzone zwischen Justizirrtum und Ermittlungsschwächen der örtlichen Behörden. Aber er belegt, wie schnell es passieren kann, unschuldig hinter Gitter zu gelangen. Denn solche Ereignisse tragen sich auch heute noch immer wieder zu. Folgendes ist passiert:

Am 23. November 1974 feiert der damals 40-jährige Maurerpolier mit einigen Arbeitskollegen die Fertigstellung des Wohnhauses in seinem Heimatort Bad Häring. Sein bester Freund und Kollege Karl Belfin ist allerdings nicht von der Partie. Die fröhliche Runde wechselt gegen Abend noch in den Gasthof „Franziskibar", in der Sappl und Belfin aufeinandertreffen. Es kommt zu einem heftigen Streit. Belfin wirft seinem Freund vor, er habe ihn nicht zur Abschlussfeier beim Bauherrn eingeladen. Sappl meint: Blödsinn. Ein Bier gibt das andere. Und schnell wird die Meinungsverschiedenheit – auch wegen des gestiegenen Alkoholkonsums – mit Fäusten zu regeln versucht. Bis der Wirt die beiden Streithähne trennt. Kurz darauf beruhigen sie sich und sind wieder ein Herz und eine Seele.

Laut Zeugen passiert nun dieses: Knapp vor Mitternacht bekommen die Maurer wieder Durst. Belfin und dessen Arbeitskollegen Josef Höck und Georg Langauer-Stockner, die schon am Nachmittag eifrig mitgezecht hatten, fahren mit Anton Sappl ins etwa eineinhalb Kilometer entfernte Gasthaus „Mara". Dort treffen sie an den Wirtshaustischen fünf weitere Gäste: die Brüder Anton, Florian und Josef Schipflinger sowie Franz Kontriner und Walter Embacher. Sie stammen alle aus Kirchbichl – eine Gegend, die in der Heimatregion von Sappl als Feindesland gilt. Der schon ziemlich betrunkene Mann beginnt gegen diese jungen Gäste, alle rund um die 20 Jahre alt, aggressiv zu stänkern. Karl Belfin verlässt daraufhin das Wirtshaus. Niemand sei ihm laut Anton Schipflinger gefolgt. Sappl wird jedoch in seinem Rausch immer lauter und wüster. Schließlich wirft ihn der Wirt des „Mara", Adolf Koller, mithilfe seines Bruders trotz heftiger Gegenwehr hinaus und versperrt die Tür hinter dem Trunkenbold.

Kurz darauf wird Karl Belfin unweit des „Mara" erschlagen aufgefunden. Wer also hat die Tat begangen? Die Tageszeitung „Kurier" fasst die Sache am 30. Jänner 1977 so zusammen: „Bis (zum Rauswurf von Sappl) stimmt die Geschichte, die Franz Kontriner und Walter Embacher den Gendarmeriebeamten auftischten, mit den tatsächlichen Ereignissen überein. Für die weiteren Vorgänge konstruierten die beiden Burschen, unterstützt vom Pächter des Gasthauses ‚Mara‘, aber ein Alibi, das Anton Sappl überführen sollte."

Ihre Version liest sich verkürzt so: Wenige Minuten nach Sappls Hinauswurf seien sie zum Luftschnappen ebenfalls nach draußen gegangen. Dort hätten sie gesehen, wie Sappl mit seinen Füßen auf Belfin eintrat, der bereits wehrlos am Boden lag. Als Sappl die beiden bemerkt habe, sei er mit seinem Auto abgehauen. Wegen dieser Aussagen – Embacher und Kontriner beteuerten, die Bluttat hätte sich nur 20 Meter von ihnen entfernt und unter einer Parkplatzlaterne abgespielt, und sie hätten den Täter genau erkannt – wurde Anton Sappl wenig später wegen des Verdachtes auf versuchten Mord in Haft genommen.

Sappls Anwalt Rudolf Wieser schenkt dieser Schilderung keinen Glauben und durfte ein Jahr nach der Verurteilung seines Mandanten von den angeblichen Zeugen folgendes Geständnis zu Protokoll geben: Sappl ist tatsächlich nach dem Wirtshaus-Rauswurf nach Hause gefahren, sein Kumpel Belfin allerdings nochmals zurückgekehrt. Dort zettelte er mit Walter Embacher neuerlich einen Streit an, der draußen schnell zu kräftigen Hieben geführt hat. Belfin siegt, Embacher liegt am Boden. Aber Kontriner lauert im Hintergrund und schlägt auf Belfin, der triumphierend über seinem Kontrahenten kniet, mit einem Eisenrohr mehrmals auf dessen Schädel ein. Wieso, ist bis heute nicht klar.

Die beiden kümmern sich nicht weiter um den Verletzten, gehen ins Lokal zurück und meinen nur: „Da draußen liegt einer." Die noch immer zechenden Maurerkollegen bringen den schwer verletzten Belfin nach Hause ins Bett, in der Annahme, dass er lediglich stark betrunken ist. Erst am nächsten Tag entdeckt ihn seine Frau, und drei Stunden später stirbt der Vater einer dreijährigen Tochter im Krankenhaus.

Als Embacher und Kontriner vom Tod des Opfers erfahren, wenden sie sich nicht an die Polizei, sondern sofort an den „Mara"-Wirten Adolf Koller. Der ist bereits wegen verschiedener Schlägereien zwei Mal vorbestraft, kriegt die Panik und beschließt, die ganze Sache Anton Sappl in die Schuhe zu schieben. Bis in die kleinsten Einzelheiten trichtert er den beiden jungen Burschen ein, welche Angaben sie zu machen haben. Und er unterstreicht dies mit der Drohung: „Wenn ihr umfallts und ich eingesperrt werde, bring' ich euch um."

Erst als der Innsbrucker Anwalt Rudolf Wieser mit seinen Recherchen beginnt und Walter Embacher in die Mangel nimmt, kommt die Wahrheit heraus. Nach nur eineinhalb Monaten Untersuchungshaft geht Anton Sappl frei. Kontriner, Embacher und Schipflinger wandern mit hohen Freiheitsstrafen ins Gefängnis. Das ursprüngliche Urteil wird aufgehoben.

Auf der Flucht

Der Fall Tibor Foco
Oberösterreich, 1986–jetzt

Im April 1987 bekommt der Linzer Journalist Peter Römer in der Redaktion des damals noch lebhaften lokalen Stadtblattes „Linzer Anzeiger" hohen Besuch. Der legendäre Wiener Strafverteidiger Dr. Michael Stern spricht bei dem landesweit eher unbekannten, aber wegen seiner investigativen Berichte regional respektierten Redakteur vor und präsentiert ihm einen seiner Fälle.

Es ist die Causa Tibor Foco. „Zuerst war ich nur davon beeindruckt, einer derartigen Berühmtheit gegenübersitzen zu dürfen", erinnert sich Römer. „Aber nachdem er mir den Fall im Detail geschildert und etliche 8000 Seiten Akten zum Studium hinterlassen hat, habe ich jedes Vertrauen in die österreichische Polizei und Justiz verloren." Römer vertieft sich in diesen Fall wie kaum ein anderer und beginnt über „Gesetzesbrüche, Menschenrechtsverletzungen und Justizwillkür" zu publizieren. Er halst sich etliche Klagen damit auf, aber sämtliche Medien Österreichs folgen ihm.

Tatsächlich hat der Fall Tibor Foco – abgesehen vielleicht von der Causa Jack Unterweger – in den vergangenen Jahrzehnten medial die höchste Resonanz erfahren. Mit gutem Grund: Denn kaum ein anderes Verfahren der Zweiten Republik strotzt vor derartig vielen Ungereimtheiten und lässt eine solche Unmenge an Fragen offen. Die Anzahl, bei der in diesem Zusammenhang der Vorwurf des Justizirrtums gefallen ist, auch von namhaften Juristen, ist Legion.

Die Geschichte beginnt in den frühen Morgenstunden des 13. März 1986. Nach einer anonymen Anzeige eines Mannes, der aus einem auf der Westbahn vorbeifahrenden Zug einen regungslos liegenden Körper gesehen haben will, entdeckt die Polizei tatsächlich eine „grauenhaft zugerichtete" (Römer) Frauenleiche – zahlreiche Knochenbrüche, etliche tiefe, stark blutende Wunden und im Schädel ein riesiges, offenbar tödliches Loch. Es handelt sich um die 24-jährige Elfriede Hochgatter, die im nur wenige hundert Meter entfernten „Café Exklusiv" als Prostituierte anschaffen ging.

Die Polizei beginnt sofort mit ihren Ermittlungen, die bis heute allerdings etliche Fragen offen lassen. Zuerst wird der Lebensgefährte von Elfriede Hochgatter, ein Versicherungsmakler, befragt. Der kann allerdings ein Alibi für die vermeintliche Tatzeit, das lediglich eine Lücke von zehn Minuten hat, aufweisen. Diese Spur wird nie weiter verfolgt. „Warum eigentlich nicht?" ist eine Frage, die sich die Geschworenen im späteren Prozess auch stellen werden.

Zudem ist die Leiche des Opfers derartig verstümmelt, dass erst die Obduktion feststellen kann, ob sie erstochen oder erschossen wurde. Erstaunlicherweise gibt einer der ermittelnden Beamten, Peter P., bereits vor der Obduktion zu Protokoll, dass es sich bei der Tatwaffe um einen Revolver mit dem Kaliber 38 gehandelt hätte.

Schon wieder eine Frage: Wie kann er das vor den Ergebnissen der gerichtsmedizinischen Untersuchungen überhaupt wissen? Die Frage wird weder untersucht noch geklärt: Drei Jahre nach der Tat wird P. erschossen aufgefunden. Die örtliche Polizei schließt den Akt mit dem Hinweis auf einen Abschiedsbrief als „Selbstmord". Laut Römer stellt sich jedoch heraus, dass es einen solchen nie gegeben hat oder er verschwunden sei: „Und die Spuren um den Toten – Blut, ausgebrochener Zahn – lassen eine ganz andere Todesart keineswegs ausgeschlossen erscheinen."

Der gerichtsmedizinische Sachverständige berichtet nach seiner Leichenschau, dass „sich Sperma so reichlich fand, dass es dem Opfer offenbar kurz vor oder während der Tat beigebracht wurde." Außerdem werden am Körper von Elfriede Hochgatter Blutspuren der Gruppe Null festgestellt, während sie zur Gruppe A gehörte. Der gleich tags darauf verhaftete Tibor Foco hat allerdings Blutgruppe B. Und die DNA-Analyse ergibt später, dass es sich nicht um sein Sperma handelt. Abermals einige bis dato ungeklärte Fragen.

Dennoch wird Foco sofort am Tag nach dem Mord als dringend Verdächtiger seiner Freiheit beraubt. Römer erzählt seine Geschichte so: „Der Mann hatte bis kurz vor seiner Verhaftung seinen Lebensunterhalt legal und durchaus erfolgreich als Motorenkonstrukteur bei den Steyr-Werken bestritten. Seine Rennerfolge errang er mit einem von ihm selbst entwickelten Zweitaktmotor, für den er auch die Patentrechte besaß. Seine Frau war bis zuletzt eine beliebte Lehrerin. Beide waren unbescholten und hatten keine Vorstrafen. Irgendwann 1985 waren die überdurchschnittlich gut verdienenden jungen Eltern einer damals neunjährigen Tochter aber offenbar auf den verhängnisvollen Gedanken gekommen, dass sie mit Prostitution noch viel mehr Geld verdienen könnten."

Wie das Gericht später festhält, geht das Ehepaar alsbald dem Gewerbe der Zuhälterei nach. Mädchen werden zuerst im gemeinsamen Ehebett eingeschult und dann auf den Strich geschickt. Zuerst in ein fremdes Lokal, aber ab Herbst 1985 in dem eigenen „Bunny Club" in der Linzer Goethestraße.

So kommen die Ermittler auf Tibor Foco: Er hätte versucht, Elfriede Hochgatter vom „Café Exklusiv" abzuwerben und sie nach deren Weigerung gemeinsam mit zwei anderen Personen kaltblütig erschossen. Konkrete Beweise für diesen Vorwurf haben sie keine.

Dennoch geht die Polizei an die Öffentlichkeit und behauptet, Foco hätte seiner Gattin Eva den Mord gestanden und auch seine Werkstätte, der angebliche Tatort, hätte einem blutigen Schlachthaus geglichen. Aber dort fanden sich in Wahrheit weder Spuren von Blut noch einer gründlichen Reinigung. Und Focos Frau gab in allen anfänglichen Vernehmungen an, ihr Mann sei zur vermeintlichen Tatzeit mit ihr zu Hause im Bett gelegen. Das bestätigt auch eine angebliche „Kronzeugin", Regina U., in ersten Verhören.

Wenige Tage darauf widerrufen beide Zeuginnen ihre Aussagen und rauben damit Foco sein Alibi. Worauf sich neuerlich eine Reihe von Fragen auftürmt: Denn die Zeugin Regina U. behauptet kurz nach dem Prozess gegen Foco, sie habe als beteiligte Verdächtige in der Polizeihaft derartige Verletzungen erlitten – von Hämatomen bis zu Würgemalen –, die sie zu einer Neuaussage bewogen hätten. Das könne sie auch amtsärztlich bestätigen. Jahre später, als sie bereits in die USA ausgewandert war, widerruft sie ihre damalige, Foco belastende Aussage neuerlich. Und die – inzwischen – Ex-Gattin von Foco lässt sein Alibi in Nichts auflösen und heiratet einige Monate später einen der ermittelnden Beamten.

Was wirklich wahr ist, weiß bis heute niemand, aber für Tibor Foco wird es eng.

Im März 1987 wird ihm am Landesgericht Linz der Mordprozess gemacht. Der Vorwurf: Foco hätte gemeinsam mit seinem Komplizen Peter L. die Zeugin Regina U. unter deutlichem Druck genötigt, Elfriede Hochgatter zu erschießen und dabei im Grunde selbst den Abzug betätigt, da er ihr quasi die Hand geführt habe. Der Prozess erregt landesweites Aufsehen. Die angebliche Kronzeugin wird wegen „entschuldbaren Notstandes" freigesprochen, Foco mit sieben zu eins Stimmen des Mordes für schuldig erkannt und sein vermeintlicher Komplize zu 18 Monaten Haft verdonnert.

Doch bereits während des Prozesses kommen Zweifel an der ganzen Sache auf, vor allem an der Prozessführung des Richters. Denn es stellt sich heraus, dass der Lebensgefährte des Opfers diesem zwölf Wochen vor der Tat eine Lebensversicherung verkauft hatte. Begünstigte waren damals die Geschwister von Elfriede Hochgatter. Nur zwei Wochen vor ihrem Tod unterschrieb sie eine Änderung des Vertrags – und zwar zu Gunsten ihres Partners. Der kassierte dann auch die Versicherungssumme in der Höhe von 300.000 Schilling (heute rund 21.500 Euro).

Als diese Tatsache in der Hauptverhandlung bekannt wird, entsteht Tumult. Nicht nur die Geschworenen riechen Lunte. Offenbar geht es hier um die einzige Person, die vom Tod der Elfriede Hochgatter profitieren konnte. Allerdings habe diese, so die Staatsanwaltschaft aufgrund der polizeilichen Ermittlungen, ein „unwiderlegbares Alibi". In den Befragungen stellt sich aber schnell heraus, dass dieses mehr als fragwürdig ist.

Der Richter unterbricht die Verhandlung, vertagt und ordnet an, das Alibi noch einmal durch die Kriminalpolizei überprüfen zu lassen. Doch die Recherche findet nur rudimentär statt. Bei der neuerlichen Vernehmung durch die Polizeibeamten (außerhalb des öffentlichen Prozesses und ohne Beisein der Geschworenen) meint der Ex-Freund der Toten laut Protokoll nur: „(…) ich will hier nichts mehr sagen. Wenn Sie noch etwas wissen wollen, dann laden Sie mich zur Verhandlung vor."

Davon nimmt der Richter, der selbst am Landesgericht Linz keine unumstrittene Figur ist und bis heute seines Amtes waltet, jedoch Abstand. Mehr noch: Er lässt eine potenzielle Entlastungszeugin für Tibor Foco kurzerhand für unzurechnungsfähig erklären und sofort in eine psychiatrische Anstalt einweisen.

Am 31. März 1987 wird Tibor Foco wegen des Mordes an Elfriede Hochgatter zu lebenslanger Haft, sein vermeintlicher Komplize Peter L. zu 18 Jahren Kerker verurteilt, Regina U. freigesprochen. Die beiden Verurteilten landen in der Strafvollzugsanstalt Stein.

Doch bald darauf plagt die Geschworenen – nicht nur wegen der Berichte des Journalisten Peter Römer – ein schlechtes Gewissen. Sie erinnern sich an die Belehrungen des Richters vor dem Prozess: „(…) keine dummen Fragen stellen, die eh die Polizei schon geklärt hat", sei seine Kernaussage gewesen. Und auf die Frage nach den Ungereimtheiten im Zusammenhang mit dem Lebensgefährten des Opfers habe der Richter – trotz nachweislich nicht erfolgter neuerlicher Überprüfung dessen fraglicher Aussagen – versichert: „Der Zeuge hat ein hieb- und stichfestes Alibi." Also glauben die Geschworenen dem Richter und fällen den Schuldspruch.

Als immer mehr fragwürdige Details des Falles an die Öffentlichkeit dringen, beginnt langsam der Zweifel an ihrem Verdikt zu nagen. Dieser gipfelt in einem öffentlichen Statement des Geschworenenobmanns Heinz Frühwirt: „Wir wurden vom Richter, von Polizeizeugen und vom Staatsanwalt in die Irre geführt. Wir haben Richter K. nach dem Prozess angezeigt, weil er uns falsch über unsere Aufgaben, Rechte und Pflichten belehrt hat. Weil er uns mit seinen Lügen über den Lebensgefährten des Opfers getäuscht hat. Weil noch andere Vorgänge beim Prozess unbedingt auf ihre Legitimität untersucht werden müssen – etwa die ‚Eilpsychiatrierung' einer wichtigen Entlastungszeugin im Gerichtssaal: Binnen fünf Minuten hat ein Obduzent – kein Psychiater – im Auftrag Dr. K.'s die Frau für unzurechnungsfähig befunden. Dann hat der Richter uns angewiesen, die Aussagen der Zeugin zu ‚vergessen'! Das alles und noch viel mehr Verbotenes geschah in dieser Verhandlung praktisch täglich. Durch diese Manipulationen wurden wir zum Schuldspruch gedrängt, was sicher nicht der gesetzliche Sinn eines Geschworenen-Verfahrens ist. Leider ist unserer Anzeige vom Staatsanwalt nicht nachgegangen worden. Nach unseren Erfahrungen als Laienrichter befürchten wir, dass nicht nur wir ein falsches Urteil gefällt haben, sondern dass so etwas in jedem Prozess, jeden Tag, passieren kann. Denn Kontrollinstanzen gibt es kaum, die wenigen vorhandenen haben in diesem Fall bis heute einfach weggeschaut."

Eine der Laienrichterinnen hat sogar ein derart schlechtes Gewissen bekommen, dass sie es sich von der Seele schreiben musste. Ihr Buch „Die Geschworene" ist 2002 unter dem Pseudonym „Katharina Zara" beim Verlag C. H. Beck erschienen.

Für Tibor Foco und seinen angeblichen Komplizen Peter L. geht die Sache so weiter. Aufgrund der intensiven Recherchen von Peter Römer können der renommierte Linzer Universitätsprofessor Herbert Wegscheider sowie eine Handvoll renommierter Anwälte als neue Verteidiger für Foco und L. gewonnen werden. In zahlreichen Wiederaufnahmeverfahren belegen sie die Zweifel an der Schuld der beiden Verurteilten. Der angebliche Komplize Peter L. wurde 1996 von allen Vorwürfen freigesprochen, musste sich allerdings noch über Jahre hinweg mit der Finanzprokuratur wegen Haftentschädigungszahlungen herumschlagen. Und das Urteil gegen Tibor Foco wurde 1997 nach einem Wiederaufnahmeantrag – der vorher in etlichen Versuchen gescheitert war – endgültig aufgehoben. Seither gilt er zwar nach wie vor als verdächtig, aber auch als unschuldig.

Tibor Foco dürfte das inzwischen ziemlich egal sein. Er hat im Gefängnis begonnen, Rechtswissenschaften zu studieren. Am 27. April 1995 wurde ihm, wie so oft zuvor, ein Studienausgang zur Johannes-Kepler-Universität in Linz gewährt. Diese Gelegenheit nützte Tibor Foco kurzerhand zur Flucht. Der Coup war von langer Hand vorbereitet. Seine bereits damals betagten Eltern wurden wegen Fluchthilfe zu fünf und sechs Monaten bedingter Haft verurteilt. Sechs weitere Fluchthelfer fassten zwischen drei und acht Monaten bedingt aus. Und das, um jemandem zu helfen, der inzwischen von allen Vorwürfen freigesprochen worden ist.

Wo sich Tibor Foco, inzwischen 52 Jahre alt, aufhält, ist nicht bekannt. Ob er nun der Täter war oder jemand anderer, weiß man auch nicht. Aber dass in diesem eigenartigen Verfahren ein Irrtum nach dem anderen passiert ist, darüber herrscht kein Zweifel. Abschließend Peter Römer: „Dieser Fall hat öffentlich bewusst gemacht, dass ‚Im Namen der Republik' nicht immer Recht geschieht."

Fegefeuer – hin und zurück

Der Fall Jack Unterweger
Wien / Graz / Kalifornien / Tschechien, 1974–1994

Kaum ein anderer Fall hat die österreichische Öffentlichkeit jemals derart in Atem gehalten. Kaum ein anderer Fall hat den Medien mehr Stoff gegeben als dieser. Kaum ein anderer Fall hat in der heimischen Kriminalgeschichte für mehr Wirbel gesorgt. Und kaum ein anderer Fall verdeutlicht auch anschaulicher, dass man im Nachhinein meist vieles besser weiß. Also wie schwierig es oft ist, nicht einem Justizirrtum aufzuliegen. Denn bei dieser Causa handelt es sich nicht um jemanden, der unschuldig hinter Gittern saß, sondern um jemanden, der guten Glaubens freigelassen wurde. Und dann mehr sinistre Morde begangen hat als zuvor.

Es ist der Fall Jack Unterweger.

Jack Unterweger ist der uneheliche Sohn einer Wiener Prostituierten und eines US-Soldaten. Im Jahr 1974 erdrosselt der damals 24-Jährige die gerade 18-jährige Deutsche Margaret Schäfer mit ihrer Unterwäsche – das soll sich als Muster seiner zukünftigen Taten herausstellen. Als Motiv gibt er im Verhör an, sie habe ihn an seine Mutter erinnert. Unterweger wird ohne viel Aufheben zu einer lebenslangen Haftstrafe verurteilt.

Ein ganz normaler Fall, möchte man meinen. Nein.

Er ist ein vorbildhafter Häftling und beginnt in der Zelle sogar zu schreiben. Die Autobiografie „Fegefeuer oder die Reise ins Zuchthaus" beschreibt seine traurige Kindheit und setzt sich auch mit dem verübten Mord auseinander. Der Text ist packend und gut formuliert, wird deswegen auch publiziert und erregt selbst über die Grenzen Österreichs hinaus frenetisches Aufsehen. Kurzum: Ein Häftling und verurteilter Mörder wird zum Liebling des deutschsprachigen Feuilletons.

Und so gelangte Jack Unterweger im Mai 1990, nach 16 Jahren Haft, in die Freiheit. Das sollte sich als verhängnisvolle Fehlentscheidung herausstellen. „Denn dieser Irrtum der Behörden in der Einschätzung und Beurteilung der Person des Täters und seines zukünftigen Verhaltens", so der deutsche Autor und Justizirrtum-Experte Hans-Dieter Otto, „kostet noch zahlreichen Frauen das Leben." Der weitere Verlauf des Falles Unterweger sieht verkürzt und gerafft so aus:

Otto: „Zunächst erhält Unterweger nach seiner Entlassung in Deutschland den Ingeborg-Drewitz-Literaturpreis. In Österreich ist er Mittelpunkt einiger Talkshows und Liebling der Wiener Schickeria. Der prominente Schriftsteller ist kaum ein halbes Jahr frei, da wird die Wiener Prostituierte Brunhilde Massener als vermisst gemeldet. Ein Spaziergänger findet sie kurz darauf in einem Wald, erdrosselt mit ihrer Unterwäsche. Im Januar 1991 wird die Prostituierte Heide Hammer ebenfalls mit ihrer eigenen Unterwäsche erwürgt. Und dann geht es Schlag auf Schlag. Bis Ende 1991 sind fünf weitere Frauen tot, stranguliert auf die gleiche Weise."

Jetzt passieren Skurrilitäten sondergleichen. Während die Polizei mit all ihren Mitteln nach einem abartigen Serienkiller sucht, wird der Chef der Grazer Mordkommission über den Stand der Ermittlungen interviewt – und zwar von Jack Unterweger. Dazu Otto: „Ein kaum fassbares, wohl einmaliges Ereignis in der Kriminalgeschichte: Der Chefinspektor steht Rede und Antwort, ohne zu wissen, dass er dem gesuchten Massenmörder gegenübersitzt." Erst später fällt dem Ermittler Ernst Geiger auf, dass der Reporter und Schriftsteller Unterweger stets in unmittelbarer Nähe der Tatorte Lesungen abgehalten hatte und dass der Mord, zu dem er damals verurteilt wurde, in exakt der gleichen Weise begangen worden war.

Erstmals gerät Unterweger nun in Verdacht, und die Polizei teilt das aus taktischen Gründen auch der Öffentlichkeit mit. Doch mit Beweisen kann sie bis dahin nicht aufwarten. Für die Wiener Szene reicht das, um alle Beschuldigungen und Vorwürfe als haltlos und aus der Luft gegriffen zu diffamieren. Man könne sich einfach nicht vorstellen, dass ihr Liebling und Protegé ein eiskalter Killer sei.

Fazit: Unterweger wird weiterhin in den Wiener Salons und coolen Lokalen herumgereicht und hofiert wie der US-Schriftsteller Truman Capote nach seinem Romanerfolg „In Cold Blood" („Kaltblütig").

Mehr noch: Er erhält sogar ziemlich lukrative Jobs. Eine Wiener Zeitschrift beauftragt ihn 1991 leichtsinnig, über die breite Problematik der Prostitution in den USA zu berichten. Unterweger begibt sich sofort für insgesamt vier Wochen nach Los Angeles, um dort zu recherchieren. Das geht so weit, dass ihn sogar US-Beamte im Streifenwagen quer durch den Rotlichtdistrikt in LA kutschieren. Parallel dazu werden in der Stadt innerhalb weniger Tage drei Nutten ermordet aufgefunden – und zwar stranguliert mit dem eigenen Slip und Büstenhalter.

Nach seiner Rückkehr aus den USA hält sich Jack Unterweger in Tschechien auf. Gleichzeitig geschieht auch dort ein Mord ähnlicher Machart.

In der Zwischenzeit sind die Ermittler längst nicht mehr von der Unschuld dieses Mannes überzeugt. Die Grazer Mordkommission meint, genügend Beweismaterial für einen Haftbefehl gesammelt zu haben. Zum Beispiel: Im Kofferraum des Autos von Unterweger wurde ein Kopfhaar der getöteten tschechischen Prostituierten gefunden, außerdem Fasern eines Schals einer weiteren Ermordeten. Unterweger flüchtet daraufhin über die Schweiz nach Miami, wo er ziemlich schnell verhaftet wird. Die Taten in Los Angeles können ihm nicht nachgewiesen werden, also wird er nach Österreich ausgeliefert, wo ihm ab 20. April 1994 vor dem Schwurgericht Graz der Prozess gemacht wird. Offiziell bestreitet er alle Verbrechen, gegenüber einem Freund gesteht er sie jedoch. Es gibt ohnehin keinen Ausweg mehr für ihn, denn die Beweise für seine Schuld sind erdrückend.

Am 29. Juni 1994 wird Jack Unterweger wegen neunfachen Mordes zu einer lebenslangen Unterbringung in einer geschlossenen Anstalt für kriminelle Triebtäter verurteilt. Kurz nach diesem Verdikt erhängt er sich in seiner Zelle mit dem Gummiband seiner Trainingshose. Mindestens neun Menschenleben, wenn nicht mehr, werden wegen dieses lange zurückliegenden Justizirrtums – also seine ursprüngliche Freilassung – immer noch von ihren Angehörigen betrauert.

Alibi am 16er-Loch?

Der Fall Herbert Zwidl
Oberösterreich, 2002–2008

In Oberösterreich läuft dieser Fall unter dem griffigen Stammtisch-Code: „der Golfplatz-Mord". Die bis heute umstrittene Frage lautet: Wie soll einer, der sich gerade am Loch Nummer 16 des Golfplatzes in Weißkirchen mit dem Putten unter den aufmerksamen Blicken der Mitspieler abmüht, unbemerkt verschwinden, ins nahe gelegene Bad Hall fahren, dort einen Mord begehen und innerhalb nicht einmal einer Stunde wieder am 16er-Loch von einem Golflehrer beobachtet werden? Bis jetzt meinen die Gerichte, das Verbrechen sei so oder ähnlich begangen worden.

Die Vorgeschichte: Am 4. Oktober 2002, ungefähr um 15.00 Uhr, wird der Bad Haller Erfinder Walter Blaschek in seiner Werkhalle mit zwei Schüssen kaltblütig hingerichtet. Die Ermittler entdecken keinerlei Einbruchsspuren und nehmen an, dass der damals 54-Jährige von einem Täter aus dem privaten oder geschäftlichen Umfeld umgebracht worden ist. Bereits nach wenigen Tagen fällt der Verdacht auf den 51-jährigen Welser Herbert Zwidl.

Der Mann hat nicht lange zuvor seine Baufirma verkauft und kann vom Erlös ganz gut leben. Auf jeden Fall so gut, dass er in der Lage war, Blaschek ein Darlehen in der Höhe von zwei Millionen Schilling (gut 140.000 Euro) für die Entwicklung einer von dessen Erfindungen, die angeblich hohe Gewinne in Aussicht gestellt hätte, zu investieren. Aber diese Profite stellten sich nicht ein.

Angeblich habe sich nun Folgendes zugetragen:

- Zwidl hätte mithilfe eines Inkassobüros und durch Unterstützung eines wenig zimperlichen Zeitgenossen versucht, Blascheks Schulden wieder einzutreiben.
- Blaschek hätte laut dessen Anwalt wenige Tage vor seinem Tod einen Verrechnungsscheck in der Höhe von drei Millionen (rund 215.000 Euro) erhalten. Dieser wäre jedoch bis heute verschwunden und auch seine Herkunft, etwa bei der korrespondierenden Bank, nie ausgeforscht worden.
- Der ins Visier der Ermittler genommene Ex-Unternehmer habe sich darüber hinaus auch nach einer Waffe umgesehen, so dünne lokale Medienberichte.

Tatsache ist jedoch auch, dass Herbert Zwidl bereits eine Versicherung in der Höhe von 360.000 Euro auf das Ableben von Walter Blaschek zu seinen Gunsten abgeschlossen hatte. Das macht ihn natürlich zum Hauptverdächtigen.

Außerdem mutmaßt die Staatsanwaltschaft, dass er kein Alibi habe. Denn die letzten Zeugen hätten Zwidl um 14.15 Uhr am Golfplatz in Weißkirchen gesehen – genügend Zeit, um ins nahe Bad Hall zu fahren und den Mord um zirka 15.00 Uhr durchzuführen. Diese Weg-Zeit-Analyse reicht für eine Anklage. Tatzeugen oder etwaige DNA-Untersuchungen gab es nie.

Noch im selben Jahr wird Zwidl am Landesgericht Steyr des Mordes angeklagt. Die Geschworenen sprechen ihn aber frei. Doch der Richter hebt das Urteil wegen „Geschworenenirrtums" auf. Laut österreichischer Strafprozessordnung darf er das. Er muss nicht einmal einen Grund dafür angeben, worin er den Irrtum sieht. Zwidl wird also abermals vor dem Landesgericht Steyr angeklagt. Diesmal entscheiden die neuen Geschworenen auf schuldig. Doch auch dieses Urteil wird vom Obersten Gerichtshof aufgehoben. Der verweist den Fall nun an das Landesgericht Wels. Dort wird Herbert Zwidl im Jahr 2005 wegen Mordes und versuchter Anstiftung zum Mord zu 17 Jahren Haft rechtskräftig verurteilt. Inzwischen sitzt er im Gefängnis Garsten und kämpft bislang vergeblich um eine Revidierung des Verfahrens.

Das von seinem Linzer Anwalt Andreas Mauhart eingebrachte Hauptargument für die Unschuld von Zwidl ist eine eidesstattliche Erklärung eines schottischen Golflehrers. Der wollte ihn genau zur angenommenen Tatzeit am 16er-Loch des Golfplatzes in Weißkirchen beobachtet haben. Dieses Alibi hatte auch Zwidl immer wieder ins Treffen geführt. Selbst ein Gutachten eines Golf-Sachverständigen, der ein neues, entlastendes Weg-Zeit-Diagramm vorlegt, bringt der Anwalt Mauhart ein.

Doch Ende März 2008 wird der Wiederaufnahmeantrag von einem Drei-Richter-Senat des Landesgerichts Wels abgewiesen. Das Gutachten sei, so der Vorsitzende Richter Anton Weber, „rein abstrakter, theoretischer Natur". Auch die Erklärungen des schottischen Golflehrers, der sich wegen seiner Auslandsaufenthalte nicht mehr an die exakte Uhrzeit seiner Beobachtungen erinnern könne, waren den Richtern zu vage.

Verteidiger Mauhart ist dennoch überzeugt: „Ich bin mir sicher, dass durch die eidesstattliche Erklärung des Golflehrers und das Gutachten, die gemeinsam betrachtet neue Beweise darstellen, der Mordprozess von 2005 anders ausgegangen wäre. Vor allem, wenn die Geschworenen diese Unterlagen gekannt hätten."

Derzeit ist beim Oberlandesgericht Linz eine Beschwerde gegen den ablehnenden Beschluss des Landesgerichts Wels anhängig.

Wer zittert, ist schuldig

Der Fall Gietzinger & Harter
Oberösterreich, 1898–1903

In einer kleinen Gemeinde in der Nähe von Ried im Innkreis wird am 11. November 1898 die Krämerin Anna Kranzinger in ihrem Haus ermordet aufgefunden. Die Beamten vermuten sofort einen

Raubmord, denn Kranzinger sind eindeutig zwei Sparbücher mit 400 und 200 Gulden gestohlen worden.

Bald richtet sich der Verdacht gegen das Nachbarehepaar Matthäus und Therese Gietzinger, die in der Gegend ziemlich übel beleumundet sind. Vor allem, weil Therese ein Verhältnis mit einem gewissen Harter hat, der ebenfalls schnell in den potenziellen Täterkreis aufgenommen wird. Nun beginnt ein Teufelskreis. Selbsternannte Zeugen geben an, die Gietzingers hätten sich nach der Entdeckung der Leiche „auffällig benommen". Das Ehepaar macht während der Vernehmungen teils falsche und widersprüchliche Aussagen. Und in der harten Untersuchungshaft beschuldigt Matthäus aus Verzweiflung seine Frau und ihren Liebhaber der Tat.

Im Verhör fängt Harter an, zu zittern. Ein Umstand, der dem Beamten offenbar bereits als Beweis seiner Schuld genügt. „Harter dürfte der Urheber des Verbrechens sein", steht später im Protokoll. Er habe sich den wohl erwogenen Mordplan im Detail ausgedacht und das Ehepaar Gietzinger zur Mithilfe überredet. Beweise: keine. Indizien: Harter sei bei der Vernehmung „auffallend bleich" gewesen und habe „scheu und höhnisch" geblickt. Und Therese Gietzinger habe sich bei der Besichtigung der Leiche „gleichgültig verhalten".

Das reicht. Am Ende der Schwurgerichtsverhandlung vom 14. und 15. Juni 1899 werden Therese Gietzinger und Harter zum Tod durch den Strang verurteilt, Matthäus Gietzinger freigesprochen. Eine Nichtigkeitsbeschwerde der beiden wird am 31. August 1899 verworfen, allerdings begnadigt man sie zu 20 Jahren schweren Kerkers. Harter stirbt nach zwei Jahren in Haft.

Weitere zwei Jahre später, im November 1903, spricht eine Magd namens Mathilde Kaufmann bei der örtlichen Gendarmerie vor und zeigt ihren eigenen Vater des Mordes an Anna Kranzinger an. Die Beamten reagieren zunächst ungläubig, gehen dem Hinweis jedoch nach. Und tatsächlich: Nach anfänglichem Leugnen gesteht Mathildes Vater die Tat und schildert sie außerdem in allen grausamen Einzelheiten. In weiterer Folge stellt sich heraus, dass Therese Gietzinger und Harter nicht das Geringste mit dem Verbrechen zu tun haben. Nach einem Wiederaufnahmeverfahren werden sie freigesprochen.

Ein Mann, ein Wort

Der Fall Franz Bratuscha
Wien, 1900–1902

Zu Beginn sah es aus wie eine routinemäßige Vermisstenmeldung. Dann wurde daraus eine regelrechte Horrorgeschichte. Und schließlich ein Fall für alle Lehrbücher der Rechtspsychologie. Alles beginnt ziemlich harmlos.

Im Frühjahr 1900 meldet Franz Bratuscha der Wiener Polizei, seine zwölfjährige Tochter Johanna sei spurlos verschwunden. Die sofort eingeleitete und fieberhafte Suche nach der Kleinen führt anfangs zu nichts. Aber kurze Zeit darauf wird die Leiche eines Kindes entdeckt. Bratuscha identifiziert sie als seine Tochter. Doch die Gerichtsmedizin konstatiert, dass es sich um ein ganz anderes Mädchen handelt.

Nun wird die Polizei hellhörig und stellt weitere Nachforschungen an. Bei einer Durchsuchung von Bratuschas Haus findet sie ein Kleid von Johanna mit roten Flecken, die an Blut erinnern. Der Mann wird daraufhin in Gewahrsam genommen und gesteht im Verhör und auch nachher vor dem Untersuchungsrichter, seine Tochter erwürgt zu haben.

Er habe die Leiche zerstückelt und in seinem Ofen verbrannt. Lediglich ein Stück Fleisch aus Johannas Oberschenkel habe er gebraten, zubereitet und verzehrt. Die Knochen seien im Mist gelandet. Tatsächlich werden dort Knochen gefunden. Aber es sind

Tier- und keine Menschenknochen, so die medizinische Analyse. Dennoch wird Franz Bratuscha vom Schwurgericht zum Tode verurteilt, etwas später jedoch von Kaiser Franz Joseph I. zu lebenslangem Zuchthaus begnadigt.

Zwei Jahre danach geschieht etwas schier Unglaubliches: Die inzwischen jugendliche Johanna taucht aus heiterem Himmel plötzlich wieder auf und fragt ihre Nachbarn, wo denn der Vater abgeblieben sei. Nun beginnen die Mühlen der Justiz abermals zu mahlen. Bratuscha wird die Nachricht von der bis heute ungeklärten Rückkehr seiner Tochter überbracht, doch er verzieht keine Miene und bleibt ungerührt. Er meint bloß, die damaligen Vernehmungsbeamten hätten ihm das Geständnis abgepresst. Und dann sei er eben bei seiner Aussage geblieben. Motto: „Ein Mann, ein Wort".

Franz Bratuscha wird in einem Wiederaufnahmeverfahren freigesprochen. Allerdings stellt das Gericht zusätzlich fest, dass er nicht zurechnungsfähig sei. Er hätte also nie verurteilt werden dürfen.

Intelligenzquotient 73

Der Fall Anton Wellner
Oberösterreich / Bayern, 1992–2001

Im Spätsommer 1992, an einem Samstagabend, bittet ein verängstigtes, weinendes Mädchen Einlass beim Gendarmerieposten im kleinen fränkischen Dorf Oberwarmensteinach. Es ist die 13-jährige Sonderschülerin Tanja Steuber (Name geändert). Sie gibt an, dass sie von einem „Toni aus Fichtelberg", eine größere Gemeinde ganz in der Nähe, in einem „silbernen Audi" vergewaltigt worden sei. Eine schlimme Sache.

Die Polizei setzt sofort eine Rasterfahndung in Gang, in deren Netzen sich rasch der gebürtige Oberösterreicher Anton

Wellner (Name geändert), damals wohnhaft im bayerischen Fichtelberg, verfängt. Er fährt allerdings einen roten Audi. Die Polizei präsentiert Tanja ein Foto des Mannes, und sie meint, ihn „ganz sicher" wiederzuerkennen. Obwohl Wellner die Tat standhaft leugnet, wird er statt der ursprünglich geforderten drei zu fünf Jahren Gefängnis verurteilt, vor allem deswegen, weil er nicht geständig war.

Der Nürnberger Richter argumentierte verkürzt und sinngemäß so: „Die Gutachterin hielt das Mädchen für absolut glaubwürdig. Ihr niedriger Intelligenzquotient von 73 (normal sind 100) wird als positiv gewertet. Sie ist als Zeugin besonders geeignet, da sie intellektuell nicht in der Lage ist, derart komplexe Vorgänge aus der Fantasie zu schildern."

Wellner wurde nach drei Jahren und vier Monaten Haft vorzeitig entlassen. Knapp zwei Jahre später, im Frühjahr 1998, rückte Tanja dann mit der Wahrheit heraus. Auf Druck ihres neuen Freundes gestand sie nun, dass der tatsächliche Vergewaltiger ihr damaliger Freund war. Wellner habe nicht das Geringste damit zu tun gehabt.

Die junge Frau wurde wegen dieses Meineids zu zwei Jahren Haft auf Bewährung verurteilt. Sie war in der Zwischenzeit rauschgiftsüchtig geworden und ist 2001 an einer Arzneimittelvergiftung verstorben. Der Toni aus Fichtelberg wurde 2001 im Zuge eines Wiederaufnahmeverfahrens von allen Vorwürfen freigesprochen.

Für die Zeit von 1523 Tagen unschuldig erlittener Haft wurden ihm vom Gericht 24.864,12 Euro als Entschädigung zugesprochen. Von diesem Betrag hat die bayerische Landesversicherungsanstalt 3752,57 Euro abgezogen. Und bereits zuvor waren Wellner für Kost, Logis und Arbeitslohn im Gefängnis rund 12.000 Euro abgeknöpft worden. Unterm Strich blieben ihm also gerade mal gute 9000 Euro für mehr als vier Jahre unschuldig hinter Gittern. Das sind nicht einmal sechs Euro pro Tag.

Irrenhaus wegen Kontominus

Der Fall Werner Otter
Tirol, 1980–1982

Zuerst glaubt er noch an einen bösen Traum, doch was dem damals 43-jährigen Werner Otter am 6. November 1980 widerfährt, ist bittere Realität. Um 6.00 Uhr früh wird der Kaufmann von der Polizei in seiner Wohnung aus dem Schlaf gerissen, ohne Angabe von Gründen verhaftet und ins Innsbrucker Gefängnis, den sogenannten Ziegelstadel, gesperrt. Sechs Tage später wird ihm der Prozess gemacht.

„Wenn Sie glauben, Sie können sich vor uns verstecken, dann täuschen Sie sich", so der Richter laut Prozesskiebitzen. „Wir werden Sie auf jeden Fall klein kriegen." Darauf Otter: „Wovor soll ich mich denn verstecken? Ich möchte endlich wissen, was man mir eigentlich vorwirft. Etwas Schriftliches habe ich nie erhalten."

Nun erfährt er, warum er einsitzt. Otter hat sein Bankkonto um 17.150 Schilling – in etwa 1200 Euro – überzogen. Sofort protestiert der Mann vehement, wegen dieser lächerlichen Schuld vor Gericht stehen zu müssen und kriminalisiert zu werden. Tatsächlich vertagt der Richter. Aber gleichzeitig ordnet er eine psychiatrische Untersuchung Otters an. Und erklärt die U-Haft wegen Fluchtgefahr für aufrecht.

Vier Monate später stempelt der damalige Gerichtspsychiater Heinz Prokop – er sollte später durch seine Rolle im Klagenfurter Geschworenenprozess gegen den Wagner-Attentäter Franz Rieser landesweit bekannt werden – Werner Otter zum Geisteskranken. Dieser sei unzurechnungsfähig und in höherem Grade abartig. Otter wird deswegen vom Vorwurf der „kriminellen" Kontoüberziehung (Untreue?) freigesprochen, allerdings sofort in die Anstalt für geistig abnorme Rechtsbrecher in der Landesnervenklinik in Hall überstellt. Denn laut Gerichtsbeschluss sei zu befürchten, dass er „durch seine fortschreitende geistige Erkrankung auch in Hinkunft schwere Eigentumsdelikte begehen werde". Etwas später konstatiert ein Arzt des Krankenhauses: „Otters Umtriebe in der Anstalt aufgrund seiner Schizophrenie, die sich hauptsächlich in Querulanz äußert, sind derart massiv, dass die Gefahr besteht, er könnte tätlich werden."

Insgesamt sitzt der Mann wegen eines nun wirklich nicht dramatisch überzogenen Kontos rund 20 Monate hinter Gittern. Bis er plötzlich am 24. Juni 1982 völlig überraschend entlassen wird. Denn die Staatsanwaltschaft Innsbruck hat das Verfahren, als wäre nie etwas geschehen, eingestellt.

Es dauert sechs Jahre, bis Otter erfährt, warum eigentlich. Mitte 1988 hatte der damalige Tiroler Abgeordnete Walter Guggenberger eine parlamentarische Anfrage an Justizminister Egmont Foregger gestellt und um Aufklärung im Fall Otter gebeten. Foregger erklärte, sein Ministerium habe damals mit einer Weisung dem Spuk ein Ende gesetzt. Ein Sprecher des Justizministeriums ergänzte: „Es war ein Eingriff von uns, um eine Fehlentwicklung zu korrigieren." Ein Grund für diese Fehlentwicklung wird nicht angegeben.

Otter vermutet die Ursache für seine Verhaftung und Verwahrung hingegen in einer Intrige, die er auch detailreich in seinem Buch „Gnadenlos" schildert. Denn kurz vor seiner Verhaftung sei ihm von einem Nebenbuhler seine damalige Freundin ausgespannt worden, noch dazu von einem verheirateten Mann und Schwiegersohn eines einflussreichen Politikers. Tatsächlich verfasste Otter damals eine mit viel Sex und delikaten Anspielungen gespickte Satire, die er ungefragt an alle mehr oder weniger interessierten Leute per Hand verteilte. Noch heute meint Werner Otter, er hätte wegen dieses Pamphlets mundtot gemacht werden sollen.

Kann denn Hüpfen Folter sein?

Der Sonderfall „Hitzezellen"

Ende der 1970er Jahre wird in der oberösterreichischen Landeshauptstadt Linz in der Nietzschestraße 33 das neue Hauptquartier-Gebäude der Polizei-Sicherheitsdirektion in Betrieb genommen. Es ist auf dem aktuellen Stand der Technik, für damalige Verhältnisse hochmodern und der Stolz der Linzer Verwaltung.

In diesem Komplex befinden sich auch – mindestens – drei Zellen, die völlig leer sind. Nicht einmal einen Heizkörper gibt es. Die Polizei erklärt später, dass solch kahle Räume notwendig seien, um tobenden oder selbstmordgefährdeten Häftlingen keine Möglichkeit zur Selbstverletzung zu geben.

Im Laufe der kommenden Jahre trudeln beim Linzer Arzt Johann Meister (Name geändert) mehr und mehr Beschwerden von ehemaligen durch die Linzer Polizei Festgenommenen ein, die in ihm einen schlimmen Verdacht wecken – jenen auf Folter. Unabhängig voneinander erzählen diese wegen verschiedener Vorwürfe (etwa dringender Tatverdacht, Trunkenheit oder einfach nur Ausweisprobleme) in Haft gesetzte Personen, darunter nicht selten Ausländer, folgende übereinstimmende Geschichte: Sie seien nackt in Zellen ohne jegliches Mobiliar gesperrt worden und hätten nach kurzer Zeit schmerzlich feststellen müssen, dass der Boden des Raumes unerträglich heiß geworden sei. Und zwar derartig heiß, dass sie wegen ihrer Nacktheit weder stehen, sitzen noch liegen konnten. Ihr einziger Ausweg sei es gewesen, unentwegt von einem Bein auf das andere zu hüpfen.

Der Mediziner Meister gibt diese Berichte an den Linzer Menschenrechtsverein „Charta 97" weiter und fügt seine fachliche Expertise bei: „Ich konnte bei mehreren meiner Patienten tatsächlich Rötungen feststellen, allerdings zu gering ausgeprägt, um damit eine Körperverletzung begründen zu können. Aber die Sache ist trotzdem ‚brandgefährlich'. Für mich ist erwiesen, dass diese

Menschen mit etwa 40 bis 50 Grad Bodentemperatur gequält wurden. Nur so sind die geringen Spuren mit den Schilderungen der Patienten in Einklang zu bringen. Eine solche Temperatur über Stunden hinweg bedeutet aber schwerste Gefahr gesundheitlicher Schädigungen. Es kann sogar zum Tod kommen."

Die „Charta 97" alarmiert daraufhin die Medien, deren Berichte innerhalb weniger Wochen zu einer Prüfung der zuständigen Gerichtskommission führen. Ergebnis: Die drei Räume im Gebäude der Sicherheitsdirektion seien aus Sicherheitsgründen tatsächlich vollkommen leer. Ersatzweise sind sie jedoch „mit einer getrennt zu regelnden Bodenheizung ausgestattet, die 42,5 Grad Celsius erreichen" könne. Ein Sprecher der Linzer Kriminalbehörden meint dazu, die Polizei wolle eben, dass ihre Häftlinge es schön warm haben.

Laut der damals und noch über Jahre hinaus gültigen lokalen Bauordnung dürfen Fußbodenheizungen allerdings lediglich 29 Grad Hitze abgeben und diese Grenze nicht überschreiten. Auch die momentane Ö-Norm regelt diesen Wert – ebenfalls aus Sicherheitsgründen sowie um Gesundheitsschäden vorzubeugen – rigide.

Dazu der Gründer der „Charta 97", Peter Römer: „Trotz der Erkenntnisse der Gerichtskommission, der Berichte der ehemaligen Inhaftierten und der ziviltechnischen Vorschriften wurde seitens der Kommission keine Anzeige erstattet. Also auch von der Staatsanwaltschaft keine Ermittlungen eingeleitet. Doch eigentlich liegt in dieser Angelegenheit der Verdacht auf Folter zumindest nahe." Man könnte es auch so formulieren: Die Justiz hat in diesem Fall zwar kein Verfahren eingeleitet und somit auch kein Urteil gefällt, aber genau diese Inaktivität legt den Verdacht eines Irrtums nahe.

Nicht zuletzt deswegen, weil im Oktober 2005 ein Häftling, der lediglich acht Stunden in einer dieser Zellen im Gebäude der Linzer Sicherheitsdirektion verbracht hat, laut Bericht der Gerichtsmedizin „verdurstet" sei.

134

Justizirrtümer in aller Welt

Allgemeiner Überblick: Das Problem der Todesstrafe

Vielleicht hat der amerikanische Anwalt und Bestseller-Autor John Grisham („Die Jury", „Die Firma") mehr als jeder andere dazu beigetragen, das Bewusstsein für die Fehleranfälligkeit des US-Justizsystems in der dortigen Bevölkerung zu schärfen. Und zwar mit seinem 2006 erschienenen, packenden Tatsachenbericht „Der Gefangene". Grisham schildert minutiös den Fall des 51-jährig an Leberzirrhose verstorbenen Ron Williamson aus Oklahoma, der elf Jahre unschuldig in der Todeszelle saß.

Ihm war vorgeworfen worden, gemeinsam mit einem Freund im Dezember 1982 die 21-jährige Barkellnerin Deborah Sue Carter brutal vergewaltigt und ermordet zu haben. Erst siebzehn Jahre später ergab ein DNA-Test, dass die beiden mit der Tat überhaupt nichts zu tun hatten. Wie es zu diesem falschen Todesurteil kommen konnte, beschreibt Grisham in allen erschütternden Einzelheiten. Und zeigt damit auf, wie leicht in den USA Justizirrtümer entstehen können, wobei Fälle, bei denen die Todesstrafe verhängt wird, wahrscheinlich nur die Spitze des Eisberges darstellen. Grisham: „Ich hoffe, dass dieses Buch die Menschen dazu bringt, das Justizsystem zu überdenken."

In gewisser Weise dürfte er damit einen Trend verstärkt haben, der bereits Ende des vorigen Jahrhunderts eingesetzt hat. Denn seit etwa zehn Jahren zeigt sich in den USA eine klare Tendenz zu weniger Todesurteilen und Hinrichtungen. Noch 1998 wurden in den Vereinigten Staaten 300 Todesurteile verhängt, im Jahr 2005 waren es „nur" noch 106. Seit 1999 ist auch die Zahl der Hinrichtungen von damals 98 auf 53 im Jahr 2006 zurückgegangen.

Mit ein Grund dafür sind vor allem mehr und mehr nachgewiesene Justizirrtümer. Der Bundesstaat Illinois hat im Jahr 2003 sogar alle Hinrichtungen völlig ausgesetzt, weil eine Gruppe hartnäckiger Journalismus-Studenten mithilfe moderner DNA-Analysen die Unschuld von 13 Todeskandidaten belegen konnte. Die Fehlurteile waren derart beschämend, dass selbst der republikanische Gouverneur von Illinois, George Ryan, eigentlich ein Befürworter der Todesstrafe (genauso wie etwa 60 Prozent der amerikanischen Bevölkerung), das gesamte Justizsystem des Staates für defekt erklärte.

Ryan hatte nach den Recherchen der beherzten Journalisten eine Untersuchungskommission eingesetzt, die nach zweijähriger Arbeit zu dem Ergebnis gelangte, dass ein erheblicher Teil der Todesurteile durch mangelhafte Verfahren zustande kam und nachweislich Unschuldige hingerichtet wurden. Der Bericht der Kommission stellte fest, „dass angesichts der menschlichen Natur und der Fehlbarkeit des Menschen kein System entwickelt oder geschaffen werden kann, welches perfekt funktioniert und uneingeschränkt garantieren kann, dass niemals wieder eine unschuldige Person zum Tode verurteilt wird".

Tatsache ist jedenfalls, dass in ganz Amerika zwischen 1973 und 2004 insgesamt 118 Menschen wegen erwiesener Unschuld aus den Todeszellen entlassen werden mussten, bis 2007 waren es fünf weitere. Immer noch sitzen in den USA laut Schätzungen derzeit etwa 3000 Menschen in der „Death Row" und harren ihrem Henker. Wie viele davon unschuldig hinter Gittern gelandet sind, lässt sich nicht einmal hochrechnen. In einer Studie kam der Rechtsprofessor James Liebmann von der Columbia University jedenfalls zur erschütternden Überzeugung, dass 68 Prozent aller Fälle, bei denen in den USA in den Jahren von 1973 bis 1995 die Todesstrafe verhängt wurde, Justizirrtümer sind. Und eine Gallup-Umfrage vom Mai 2003 fand heraus, dass selbst 73 Prozent aller Amerikaner glauben, in den USA sei in den letzten fünf Jahren zumindest ein Unschuldiger hingerichtet worden. Dennoch wird das offenbar nur als Kollateralschaden bewertet, denn fast zwei Drittel der Befragten waren der Meinung, dass die in den USA 1976 wieder eingeführte Todesstrafe zu Recht angewandt wird.

Auf der internationalen Hitliste der Todesstrafen-Staaten rangieren die USA nach wie vor ganz vorne, Kopf an Kopf mit China, dem Iran und Saudi-Arabien. Ende 2001 hat der Europarat in Straßburg den Ersten Weltkongress gegen die Todesstrafe organisiert. Der Schlussbericht kam zu folgenden Ergebnissen:

- Mehr als die Hälfte aller Staaten haben die Todesstrafe abgeschafft oder verzichten auf ihre Anwendung.
- In 108 der damals 195 erfassten und von der UNO anerkannten Staaten (diese Zahl ändert sich allerdings fast von Tag zu Tag) finden – es sei denn, es herrscht Krieg – keine Hinrichtungen mehr statt.
- Von den 87 Ländern, die noch regelmäßig Todesurteile verhängen und vollstrecken, befinden sich die meisten in Afrika, Asien und im Nahen Osten.
- Nach Angaben der Konferenz wurden im Jahr 2000 mindestens 1457 Verurteilte in 28 Ländern hingerichtet. 3058 wurden in 65 Ländern zum Tode verurteilt. Amnesty International befürchtet, dass die tatsächlichen Zahlen viel höher seien.
- Auf Saudi-Arabien, den Iran, China und die USA entfielen laut dem Bericht des Kongresses im Jahr 2000 etwa 88 Prozent aller Hinrichtungen, wobei allein in China der Henker zumindest 1000 Personen von laut Experten-Schätzung 8000 pro Jahr zum Tode Verurteilten ins Jenseits befördert hat. Aus dem Iran wurden in diesem Jahr 75 Exekutionen bekannt, aus Saudi-Arabien 123 und aus den USA 85.

Bei wie vielen es sich dabei um Justizirrtümer handelte, wird sich in der Gesamtheit wahrscheinlich nie herausfinden lassen. Aber dennoch gibt es – vor allem international – eine ganze Menge von Beispielen, in denen das jeweilige Justizsystem grob versagt und

Unschuldige hinter Gitter verfrachtet oder im Namen des Rechts ermordet hat. Hier eine Auswahl einiger spektakulärer Fälle aus aller Welt.

Aus dem Ring gefegt

Der Fall Rubin Carter
USA, 1966–1988

Rassenvorurteile, eingeschüchterte Gutachter, Zeugen zweifelhafter Glaubwürdigkeit und voreingenommene Ermittler kosteten den afroamerikanischen Boxer Rubin Carter – genannt „The Hurricane" – nicht nur seine Karriere, sondern auch 19 Jahre seines Lebens, die er unschuldig im Gefängnis verbringen musste.

Seine Geschichte läuft sehr verkürzt so ab: Im Sommer 1966 – es ist Zeit der Hippies, aber auch der Rassenunruhen in den USA – passiert in Paterson/New Jersey ein Doppelmord. Zwei farbige Männer, einer mit einer Pistole, der andere mit einem Gewehr bewaffnet, betreten um 2.30 Uhr nachts die „Lafayette Bar" und erschießen wortlos den Barkeeper sowie einen Stammgast. Zwei weitere Stammgäste, ein Mann und eine Frau, werden lebensgefährlich verletzt.

Von den Schüssen geweckt, sieht die Mieterin einer Wohnung über der Bar zum Fenster hinaus und beobachtet, wie zwei Schwarze aus dem Lokal laufen und in einem weißen Auto wegfahren. Sie alarmiert die Polizei und gibt an, die Rücklichter des Wagens hätten die Form von Schmetterlingen.

Ein weiterer Zeuge ist der 23-jährige Kriminelle Alfred Braton (Name geändert), der gerade gemeinsam mit seinem Kumpel in eine benachbarte Fabrik einbrechen will. Während er Schmiere steht, will er sich Zigaretten aus der „Lafayette Bar" holen. Er sieht die beiden bewaffneten Schwarzen herauskommen und wegfahren. Alfred Braton betritt die Bar und entdeckt die Toten und Schwerverletzten in ihrem Blut liegen. Anstatt zu helfen, stiehlt er das Papiergeld aus der Kassa.

Zehn Minuten nach der Schießerei und 14 Häuserblocks von der „Lafayette Bar" entfernt, stoppt ein Polizist ein weißes Auto. Es wird vom 19-jährigen John Artis gelenkt, neben ihm sitzt ein Freund und auf der Rückbank liegt Rubin Carter. Nachdem der Polizeibeamte alle drei kontrolliert und keine Waffen entdeckt hat, lässt er sie weiterfahren. Wenig später steigt der Beifahrer aus. Nach einigen weiteren Minuten wird der Wagen nochmals angehalten und perlustriert. Die Polizei glaubt, die Täter nun zu haben: zwei Farbige in einem weißen Auto.

Sie werden in Polizeigewahrsam zum Tatort gebracht, wo sie allerdings keiner der Zeugen als Täter identifizieren kann. Nach einer kurzen Gegenüberstellung im Krankenhaus, wo auch die beiden schwer verletzten Stammgäste beteuern, Carter und Artis seien nicht die Männer, die auf sie geschossen hätten, werden beide wieder freigelassen.

Nun hält sich die Polizei an den Kronzeugen Alfred Braton. Er wird immer wieder befragt, wochenlang. Er könne sich die 10.000 Dollar Belohnung verdienen, die in diesem Fall ausgesetzt wurden, und seine bisherigen kriminellen Delikte würden nicht weiter verfolgt, wenn er der Polizei die richtigen Tipps gäbe, so wird von den Beamten angedeutet. Schließlich ändert Braton seine Aussage und beschuldigt Artis und Carter des Mordes. Er habe beide genau gesehen, als er draußen vor der Bar stand. Und er habe beobachtet, wie beide bewaffnet aus der Bar gekommen und mit einem weißen Auto davongefahren seien.

Carter und Artis werden am 14. Oktober 1966 festgenommen und des dreifachen Mordes angeklagt – der schwer verletzte weibliche Stammgast war inzwischen den Verletzungen erlegen. Die Anklagevertretung glaubt auch das Motiv zu kennen: Rache für den Mord an dem schwarzen Eigentümer einer Bar durch einen weißen Rassisten.

Darüber hinaus präsentiert die Polizei eine Pistolenkugel, die unter dem Beifahrersitz von Carters Auto gefunden wurde und die aus einer Smith & Weston, Kaliber 32, stammt, wie sie bei den Morden verwendet wurde. Dass die Kugel aus Carters Auto mit Kupfer überzogen ist, während die Kugeln aus den Körpern der Opfer eine Bleiummantelung aufweisen, interessiert die Ermittler höchstens am Rande.

Trotz der entlastenden Aussagen mehrerer Alibizeugen und der Ergebnisse der ersten Opfer- und Zeugenbefragungen nach der Tat glauben die zwölf Geschworenen dem Augenzeugen Braton beziehungsweise seiner nachträglich geänderten Schilderung der Tat. 1967 werden Rubin Carter und John Artis zu jeweils drei Mal lebenslänglicher Haft verurteilt.

Alle Instanzen bestätigen diese Urteile. In seiner Verzweiflung schreibt Rubin Carter im Gefängnis ein Buch mit dem Titel „Die 16. Runde", worin er sich mit der Bitte um Hilfe an die Leser wendet. Und die Unterstützung kommt: Bob Dylan schreibt, nachdem er Carter im Gefängnis besucht hat, den Song „Hurricane", der erste Titel in seinem Album „Desire". Auch Muhammad Ali setzt sich für Carter ein. So wird der Fall Rubin Carter auch international zum Thema.

In der Zwischenzeit ändert Alfred Braton wieder seine Aussage: Carter sei unschuldig und reingelegt worden, erklärt er 1974 in einem Interview mit der „New York Times", für das er eine Menge Geld erhält. Ein Jahr später präsentiert Braton eine weitere Version seiner Aussage, der zufolge er in der Bar gewesen sei, als die Schüsse fielen. Carter und Artis hätte er aber nicht erkennen können.

Angesichts seiner zahlreichen unterschiedlichen Tatversionen gerät Braton unter Druck, er unterzieht sich freiwillig einem Lügendetektortest. Die Auswertung des Tests ergibt, dass seine Aussage, er sei in der Bar gewesen, als die Schüsse fielen, stimmt. Dieses Ergebnis bedeutet eine Katastrophe für die Staatsanwaltschaft, weil sie der Aussage des Kronzeugen Braton während des

Prozesses, der zufolge er während der Morde außerhalb der Bar gewesen sei, widerspricht.

Die Anklagevertretung setzt jenen Professor, der den Lügendetektortest ausgewertet hat, so massiv unter Druck, dass er schließlich in seinem schriftlichen Bericht festhält, die Aussagen des Zeugen während des Prozesses seien wahr, die späteren Behauptungen seien unwahr.

Als die Verteidiger Carters von diesen Manipulationen erfahren, stellen sie 1976 einen Antrag auf ein neues Verfahren gegen Rubin Carter und John Artis. Die Alibizeugen Rubin Carters sagen unter dem Druck der Ermittler jedoch aus, ihre Aussagen von 1967 seien falsch gewesen. Der Antrag wird abgewiesen und das Urteil aus dem Jahr 1967 bestätigt.

Die letzte Berufung wird 1981 abgewiesen. Jetzt gibt es für Rubin Carter keine Rechtsmittel mehr, doch John Artis wird auf Bewährung freigelassen. Während Rubin Carter nun jede Hoffnung aufgibt und am Rand der Verzweiflung ist, tritt ein Mann aus Kanada namens Lesra Martin mit ihm in Briefkontakt. Er hat Carters Buch „Die 16. Runde" gelesen und will dem einst so berühmten Boxer helfen. Er setzt sich gemeinsam mit seinen Studienkollegen mit Carters Anwälten in Verbindung und erhält Einsicht in alle Akten. Sie wollen ein Verfahren einleiten, in dem geprüft wird, ob ein Gefangener zu Unrecht einsitzt und ob seine Inhaftierung gegen die Menschenrechte oder die Verfassung der Vereinigten Staaten verstößt.

Gemeinsam mit den Anwälten beschäftigen sie sich zwei Jahre lang damit, neue Beweise für Carters Unschuld und neue Zeugen zu finden und Ermittlungsfehler aufzuzeigen. 1985 ist die Petition schließlich fertig. Ein neuer Richter ordnet nach intensiver Prüfung des Falles am 7. November 1985 die sofortige Freilassung von Rubin Carter an.

Der Richter kritisiert in seiner Begründung zur Freilassung nicht nur die rassistischen Vorurteile der Geschworenen in den 1960er Jahren, sondern stellt auch fest, dass Alfred Braton die

141

Personen Carter und Artis niemals eindeutig als Täter identifiziert hat und seine späteren Aussagen Lügen waren.

Aber der Staat New Jersey ruft das Höchstgericht in den USA an, um Carters Freilassung zu verhindern – vergebens. 1988 stellt die Staatsanwaltschaft in New Jersey schließlich den Antrag, die Verurteilungen von Rubin Carter und John Artis auch formal aufzuheben. Dem wird stattgegeben und auf diese Weise ein 22 Jahre dauerndes Unrecht beseitigt.

Rubin Carter lebt heute in Toronto, er leitete dort jahrelang die „Association in Defense of the Wrongfully Convicted", eine Hilfsorganisation, die sich für zu Unrecht Verurteilte einsetzt. Als erstem Boxer außerhalb des Rings wurde ihm 1993 vom „World Boxing Council" der Weltmeisterschaftsgürtel verliehen.

Fast zu Tode ermittelt

Der Fall Anthony Porter
USA, 1982–1999

Ein brutaler Doppelmord aus dem Jahr 1982 wurde einem jungen Afroamerikaner mit kriminellem Vorleben fast zum Verhängnis. Haarsträubende Ermittlungen, die an den Verdächtigen „angepasst" wurden, Nötigung von Zeugen, Ermittlungsfehler und Vorverurteilungen brachten Anthony Porter fast ins Jenseits. Nur durch die Arbeit und das Engagement eines Journalismusprofessors und seiner Studenten, der „Engel der Todeszelle", konnte der „Wettlauf mit dem Henker" – wie „Die Zeit" den Fall in Ausgabe 23/1999 beschrieb – gewonnen werden.

Zur Geschichte: Um ein Uhr nachts am 15. August 1982 werden zwei Jugendliche, die 19-jährige Marilyn Green und ihr 18-jähriger Freund Jerry Hilliard, im Washington Park von Chicago in der Nähe eines Schwimmbeckens durch zwei Kopfschüsse getötet. Im Verlauf der Fahndung werden alle vorbestraften Personen der Stadt, die mit dem Verbrechen in Verbindung gebracht werden könnten, überprüft.

Als Anthony Porter hört, dass die Polizei ihn verdächtigt, stellt er sich freiwillig bei einem Polizeirevier, um seine Unschuld zu untermauern. Er hat zwei Alibizeugen, die bestätigen, dass er sich in der Mordnacht zur fraglichen Zeit im Haus seiner Mutter aufgehalten hat. Doch er wird sofort festgenommen und des Doppelmordes beschuldigt.

Obwohl es weder Indizien noch Beweise gegen ihn gibt, wird er stundenlang verhört und geschlagen. Man will ihn dazu drängen, ein Geständnis abzulegen. Als das nicht funktioniert, werden zwei Männer ausfindig gemacht, die Anthony Porter schwer belasten. Der eine identifiziert Anthony Porter als jenen Mann, der ein Gewehr an den Kopf eines Opfers gehalten habe. Ein weiterer Zeuge gibt zunächst an, nichts gesehen zu haben, dann behauptet er, er habe Schüsse gehört und danach Anthony Porter am Pool gesehen. Und nach weiteren 17 Stunden intensiver Befragung erklärt er schließlich, er habe gesehen, wie das Pärchen von Anthony Porter erschossen wurde. Zudem will er das dunkelhäutige Gesicht von Anthony im Dunkeln aus 50 Meter Entfernung erkannt haben.

Die Polizei hat nun ihren Täter. Andere Spuren werden nicht mehr verfolgt. Selbst als die Mutter des ermordeten Mädchens der Polizei anvertraut, dass der Mord von einem gewissen Alstory Simon, der mit dem ermordeten Freund ihrer Tochter in einen heftigen Streit über Drogengeld geraten war, verübt worden sein könnte, glaubt man ihr nicht. Beamte der Polizei suchen zwar Alstory Simon und seine Frau auf, aber nur, um ihnen ein Passbild von Anthony Porter zu zeigen und zu fragen, ob sie Porter kennen. Sie verneinen und geben außerdem an, in der fraglichen Nacht nicht im Washington Park gewesen zu sein.

Anthony Porter wird des Doppelmordes angeklagt. Weil er mittellos ist, soll ein Pflichtverteidiger ihn vor Gericht vertreten. Seine Eltern aber beauftragen einen privaten Rechtsanwalt aus Chicago, der ihren Sohn verteidigen soll. Sie erhoffen sich dadurch eine bessere Vertretung bei Gericht. Weil sie das vereinbarte Honorar von 10.000 Dollar trotz aller Bemühungen nicht zahlen können, stellt der Anwalt alle weiteren Untersuchungen ein.

Entsprechend wenig engagiert vonseiten der Verteidigung läuft der Prozess dann auch ab. Nach neunstündiger Beratung befinden die Geschworenen den Angeklagten in allen Anklagepunkten für schuldig. Der Richter verurteilt Anthony Porter am 9. September 1983 zum Tode.

Nach einer Reihe von Berufungsverhandlungen und Petitionen ist im Jänner 1998 der Rechtsweg voll ausgeschöpft, das Urteil weiterhin rechtskräftig. Der Hinrichtungstermin wird auf den 23. September 1998 festgesetzt. Anthony Porter wartet im Gefängnis bereits 16 Jahre lang auf seine Hinrichtung.

Jetzt erwacht die Öffentlichkeit: Es kommt zu einer Reihe von Protesten gegen das Urteil, denen sich auch Teile der Presse und die Kirche anschließen. Neue Anwälte lassen den Intelligenzquotienten des Verurteilten testen, das Ergebnis ist 51. Somit ist klar, dass Anthony Porter nicht nur geistig erheblich zurückgeblieben ist, sondern dass er auch die Tragweite der Verurteilung möglicherweise gar nicht richtig versteht. Das Gericht setzt zwei Tage vor der Hinrichtung den Exekutionstermin aus und ordnet an, den Geisteszustand von Porter zu untersuchen.

Jetzt nehmen sich die „Engel der Todeszelle" der Sache an. Unter Leitung von David Protess, einem Journalismusprofessor aus Illinois, beginnt eine Gruppe von Studenten Porters Fall genauer zu untersuchen. Sie rekonstruieren den Tathergang, bitten in Anzeigen alle Personen, die etwas zur weiteren Aufklärung beitragen können, sich zu melden und engagieren in Anbetracht des Zeitdrucks einen Privatdetektiv namens Paul Ciolino für weitere Recherchen.

144

Die von der Polizei ermittelten Augenzeugen des Doppelmordes werden gesucht, einer von ihnen ist inzwischen gestorben, der andere gesteht vor laufender Videokamera, dass er Anthony Porter tatsächlich nicht am Tatort gesehen hat. Er sei unter Androhung von Gewalt von der Polizei dazu gezwungen worden, Anthony Porter zu beschuldigen. Die Ausstrahlung dieses Geständnisses im Fernsehen löst einen riesigen Skandal aus.

Die Studenten befragen weiters Ines und Alstory Simon, jenes Paar, das von der Mutter der Ermordeten Marilyn Green von Anfang an verdächtigt wurde. Ines Simon – nunmehr die Ex-Frau von Alstory Simon – gesteht vor laufender Kamera, dass ihr Mann die Morde begangen hat. Als dieser Film ebenfalls im Fernsehen gezeigt wird, folgt ein weiterer Eklat.

Einige Tage später konfrontiert Detektiv Paul Ciolino den nunmehr Verdächtigen Alstory Simon mit den schwerwiegenden Beschuldigungen seiner Ex-Frau, sodass dieser nach anfänglichem Leugnen die Morde schließlich gesteht, ebenfalls auf Video. Dieses Band wird wie die anderen zuvor ebenfalls im Fernsehen gezeigt. Alstory Simon legt die Morde aber als Notwehr aus, weil er sich von den beiden Opfern bedroht gefühlt habe. Er wird später zu 37 1/2 Jahren Gefängnis verurteilt.

Nach fast 17 Jahren unschuldig verbüßter Haft in der Todeszelle wird Anthony Porter schließlich am 5. Februar 1999 wegen erwiesener Unschuld freigelassen. Es hagelt in der Folge von vielen Seiten heftige Kritik an der Polizei und an der Staatsanwaltschaft von Chicago wegen gravierender Ermittlungsmängel und vieler Ermittlungsfehler. Trotzdem sind beide Institutionen bis heute nicht zu einer Entschuldigung bereit.

Konsequenzen gibt es allerdings auf politischer Ebene. Im Jänner 2003 begnadigt der scheidende Gouverneur von Illinois, George Ryan, alle 167 Todeskandidaten in seinem Bundesstaat. In einer Rede liefert er die Begründung: Das System sei willkürlich, unberechenbar und unmoralisch. Daher könne er nicht länger das Risiko tragen, dass unschuldige Menschen hingerichtet werden könnten.

Ein Opfer britischer Gerechtigkeit

Der Fall Derek Bentley
Großbritannien, 1952–1998

Die Hinrichtung von Derek Bentley am 28. Jänner 1953 wegen Polizistenmordes war der Gipfelpunkt eines der größten Justizirrtümer der britischen Kriminalgeschichte. Der verurteilte Täter war jung, behindert und geistig zurückgeblieben. Die vorliegenden Beweise wurden im Verfahren oft fehlinterpretiert, der mit dem Fall befasste Richter galt als besonders hart, bei den Berufungsverfahren gab es eine Reihe von Missverständnissen und – was am wichtigsten ist – Derek Bentley hat den Polizisten definitiv nicht ermordet.

Zur Geschichte: Im Jahre 1952 wird die Londoner Bevölkerung von bewaffneten Jugendbanden terrorisiert. Beinahe monatlich sterben Polizisten im Einsatz. Zwei Jugendliche, der 18-jährige Derek Bentley und sein 16-jähriger Freund Christopher Craig, sind Kleinkriminelle, die sich mit Einbrüchen und Diebstählen über Wasser halten.

Die beiden sind ein ungleiches Paar: Der 18-jährige Bentley wuchs in schwierigen Verhältnissen im Londoner East End auf, wurde bei einem Raketenangriff durch eine deutsche V1 unter den Trümmern eines Hauses begraben und leidet seither unter Epilepsie. Seine geistigen Fähigkeiten zum Tatzeitpunkt entsprechen mit einem IQ von 66 denen eines 11-Jährigen. Und er kann weder lesen noch schreiben.

Sein 16-jähriger Kumpel Craig ist ein aufgeweckter Bursche voller Hass auf die Polizei. Er hat den Beamten für die kürzlich erfolgte Festnahme seines Bruders Rache geschworen.

Am 2. November 1952 wählen die zwei Youngsters das Warenhaus Parker & Barlow im Südlondoner Stadtbezirk Croydon als Einbruchsziel. Beide sind mit einem Messer bewaffnet, Bentley trägt darüber hinaus einen Schlagring und Craig einen Revolver, Kaliber 45.

Beim Einbruch über das Dach des Warenhauses werden sie beobachtet. Die Polizei wird informiert und ist rasch zur Stelle. Als die Einbrecher die Beamten bemerken, versuchen sie zu türmen. Aber ein unbewaffneter Polizist namens Frederick Fairfax ist schneller und es gelingt ihm, Bentley festzuhalten. Dieser leistet keinen Widerstand. Craig hingegen zieht seine Waffe und feuert, er trifft Fairfax in der Schulter. Da ruft Bentley seinem Freund zu: „Let him have it, Chris!" – fünf Worte, die im späteren Prozess noch eine wichtige Rolle spielen werden.

Bentley macht keinerlei Anstalten zu fliehen, sondern er bleibt bei dem verwundeten Polizisten Fairfax stehen. Kurz darauf treffen weitere, diesmal bewaffnete Polizisten am Tatort ein und verfolgen Craig auf das Dach. Als einer der ersten ist Polizeiwachtmeister Sidney Miles auf dem Dach, da trifft ihn eine Kugel mitten in den Kopf. Als Craig sein Magazin leer geschossen hat und keine Munition mehr besitzt, versucht er zu fliehen. Er springt rund zehn Meter vom Dach in die Tiefe und bleibt mit gebrochenem Rückgrat liegen. Er erleidet eine Querschnittlähmung.

Craig und Bentley werden wegen Mordes an einem Polizisten angeklagt. Aber hat es überhaupt einen Mord gegeben? Der Verteidiger von Craig jedenfalls glaubt nicht, dass die Kugel, die Miles getötet haben soll und dem Gericht vorgelegt wird, von der Waffe seines Mandanten stammt. Auch der Ballistiker kann nicht beweisen, dass der tödliche Schuss aus Craigs Waffe abgefeuert wurde.

Und Bentley? Was hat er eigentlich mit dem Mord zu tun, sofern es überhaupt Mord war? Nun, die Anklagevertretung ist sich sicher, dass Bentley als Mittäter den Mord in allen Einzelheiten gebilligt oder sogar befohlen hat. Die Anklagevertretung interpretiert die Worte „Let him have it, Chris!", die Bentley im Zuge seiner Festnahme gesagt haben soll, als Aufruf zum Feuern, im Sinne von: „Gib es ihm, Chris!" Die Verteidigung hingegen stellt den Tötungsvorsatz eindeutig in Abrede und interpretiert den Satz als: „Gib ihm die Waffe, Chris!" Die beiden Angeklagten sowie

147

einer jener Polizisten, die bei der Festnahme beteiligt waren, bestehen überhaupt darauf, dass diese Worte niemals gefallen sind.

Weiters spräche die Tatsache, so die Verteidigung, eindeutig gegen eine Mordabsicht, dass Bentley dem Polizisten Fairfax kein weiteres Leid zufügte, obwohl er dazu in der Lage war. Schließlich hätte er ja von seinem Messer Gebrauch machen und Fairfax töten können, als dieser vor ihm verletzt auf dem Boden lag.

Das Gericht folgt dieser Interpretation nicht. Nach einer nur 75-minütigen Beratung steht für die Geschworenen ihr Urteilsspruch fest: Die Angeklagten sind schuldig im Sinne der Anklage.

Lordrichter Goddard, bekannt für seine Härte und für seine vielen ausgesprochenen Todesurteile, verkündet das Strafmaß: Aufgrund seiner Jugend und seiner schweren Verletzung, die ihn ein Leben lang an den Rollstuhl fesselt, wird die Strafe für Craig ins Ermessen des britischen Königshauses übertragen. Er bekommt zehn Jahre Haft.

Für Derek Bentley setzt Richter Goddard die härteste Strafe fest – Tod durch den Strang. Daraufhin empfiehlt sogar die Jury, Gnade walten zu lassen und die Strafe in lebenslängliches Zuchthaus umzuwandeln. Der Richter aber leitet dieses Gnadengesuch nicht weiter, er glaubt – wie er später erklärt –, dass Bentley auf keinen Fall gehenkt und sowieso begnadigt werden würde.

Ein weiteres Gnadengesuch der Verteidiger Bentleys geht an den königlichen Sekretär Sir David Maxwell Fyfe, der eine Begnadigung ebenfalls ablehnt, und dies, obwohl mehr als 200 Mitglieder des britischen Parlaments die Petition unterschrieben haben. Als in der Öffentlichkeit der Hinrichtungstermin bekannt wird, macht sich Unruhe über das Urteil in weiten Kreisen der Bevölkerung breit. Trotz scharfer Proteste, trotz Aufrufen in Presse und Rundfunk, trotz Massendemonstrationen wird Derek Bentley am 28. Jänner 1953 zum Galgen geführt und gehängt.

Nach seiner Hinrichtung verstummen die Stimmen derer nicht, die in dem Urteil ein krasses Fehlurteil sehen. Und die Angehörigen von Bentley geben nicht auf, eine Revision des Urteils zu erreichen. Fast 45 Jahre vergehen, ehe der Fall 1997 nochmals von einer Überprüfungskommission untersucht wird. 1998 schließlich erklärt das Oberste Gericht in England, dass das Bentley-Urteil ein Fehlurteil war.

Mit diesem Erkenntnis wurde auch offiziell bestätigt, was schon 1953 auf Bentleys Grabstein gemeißelt wurde: „Ein Opfer britischer Gerechtigkeit".

Englische Zahlen

Die Fälle „Birmingham Six", „Guildford Four" und „Tottenham Three" Großbritannien, 1974–1991

Zu den spektakulärsten Justizirrtümern Großbritanniens kam es in jüngerer Vergangenheit immer dann, wenn gegen Verdächtige im Zusammenhang mit Bombenanschlägen der IRA ermittelt wurde. Der Grund: Immer wieder werden Geständnisse durch Anwendung körperlicher Gewalt erpresst oder durch andere Manipulationen bei den Ermittlungen erzwungen. Auch Beweise werden oft unterdrückt oder zurechtgebogen und Zeugen beeinflusst. Für die in solchen Fällen zu Unrecht Verurteilten bedeutet diese Praxis oft jahrelange Haft und kaum Aussicht auf Haftentschädigung.

*

Die Geschichte der „Birmingham Six": 1974 kommen bei zwei Bombenanschlägen auf Pubs in Birmingham insgesamt 21 Menschen ums Leben. Die Ermittler gehen in der aufgeheizten politischen Stimmung der 1970er Jahre sofort davon aus, es mit Terroranschlägen der Irisch-Republikanischen Armee (IRA) zu tun zu haben. Nach kurzen Untersuchungen verhaftet die Polizei sechs Männer, von denen sie glaubt, dass sie Mitglieder der verbotenen IRA sind.

Was nun folgt, sind lange und intensive Verhöre der sechs Verdächtigen und eine Anklage wegen mehrfachen Mordes. Die Staatsanwaltschaft stützt sich bei der Anklage im Wesentlichen auf drei Punkte: Erstens auf Indizien, die angeblich beweisen, dass die Angeklagten Mitglieder der verbotenen IRA sind, zweitens auf die Ergebnisse der Spurensicherung und drittens auf die Geständnisse der sechs. Wie die Geständnisse zustande gekommen sind, ist für die Staatsanwaltschaft kein Thema.

Im Zuge des Prozesses zeigt die Verteidigung auf, dass die Geständnisse aus den Angeklagten regelrecht herausgeprügelt worden seien, entsprechende Verletzungen, wie Blutergüsse, Kratzspuren und andere Blessuren, werden sogar vom Gefängnisarzt bestätigt. Für den Richter aber handelt es sich dabei um Verletzungen, die sich die Gefangenen selbst zugefügt hätten. Die Geschworenen folgen der Argumentation des Richters. Sie sehen es außerdem als ihre Pflicht an, die Polizei von solch schweren Foltervorwürfen zu entlasten. Der Prozess endet mit Schuldsprüchen in allen Anklagepunkten, das Urteil lautet lebenslängliche Haft für alle sechs.

Im März 1976 kommt es zur Berufungsverhandlung. Der Richter stellt dabei fest, dass die Verletzungen der Männer, die sie sich im Polizeigewahrsam zugezogen haben, nicht über das übliche Maß hinausgegangen seien, und weist die Berufung ab.

Als die sechs Verurteilten in der Folge Zivilprozesse gegen die Polizei und die Gefängniswärter anstrengen wollen, greift das englische Oberhaus ein. Die Prozesse werden nicht zugelassen, das House of Lords sieht darin einen Prozessmissbrauch und stellt fest, dass jeder Sieg in einem Zivilprozess die Endgültigkeit der strafrechtlichen Verurteilung unterminieren würde. Außerdem gehe es vor allem darum, in England die terroristischen Tätigkeiten zu stoppen. So bleiben die sechs aus Birmingham weiter in Haft. Auch ein erneutes Verfahren im Jahre 1987 scheitert an der feindlichen Einstellung des Berufungsgerichtes gegenüber den Angeklagten.

Erst 1991 ändert das Berufungsgericht seinen Standpunkt, vor allem aufgrund der inzwischen zusammengetragenen Beweise, wonach die sechs Verurteilten ihre Geständnisse tatsächlich nicht freiwillig abgelegt haben, sondern mit roher körperlicher Gewalt dazu gezwungen worden sind. Weiters werden Beweise vorgelegt, die frühere forensische Untersuchungen und Ergebnisse der Spurensicherung in höchst zweifelhaftem Licht erscheinen lassen. Bezüglich der Zeugen aus dem Umfeld der Polizei kommt der Richter zu einem eindeutigen Ergebnis: „Die müssen gelogen haben."

Das Fehlurteil von 1974 wird aufgehoben, und die „Birmingham Six" werden nach 17 Jahren unschuldiger Haft 1991 schließlich entlassen.

*

Die Geschichte der „Guildford Four": Als 1974 in Guildford und Woolwich ebenfalls Bomben explodieren, verhaftet die Polizei vier Männer, die der IRA angehören. Auch diese vier werden „streng verhört", ein Synonym für das gewalttätige Erpressen von Geständnissen, zusätzlich fälschen Beamte die Einvernahmeprotokolle und unterdrücken entlastendes Beweismaterial.

Die vier aus Guildford werden in kurzen Prozessen ebenfalls zu lebenslangen Haftstrafen verurteilt, ihre 1977 eingebrachte Berufung wird verworfen. Nachdem den Verteidigern im Lauf der folgenden Jahre im Zuge umfangreicher und schwieriger Nachforschungen schließlich der Beweis gelingt, dass viele der Prozessunterlagen grob manipuliert worden sind, werden die Urteile 1989 aufgehoben und die vier Männer aus Guildford nach 15 Jahren unrechtmäßiger Haft aus dem Gefängnis entlassen.

Ein Strafverfahren gegen drei der Polizeibeamten, die in die Manipulationen des Beweismaterials verwickelt waren, wird 1993 ergebnislos eingestellt.

*

Die Geschichte der „Tottenham Three": Während eines Aufruhrs auf einer Farm in der Nähe von Tottenham wird 1985 ein Polizist ermordet. Als mutmaßliche Täter werden drei Angehörige der IRA festgenommen und zu langjährigen Haftstrafen verurteilt. Im Zuge des 1991 stattfindenden Berufungsverfahrens kommen die Praktiken der Polizei und der Ermittlungsbeamten ans Tageslicht: Einem der Angeklagten wurde der rechtliche Beistand verweigert, die Aussagen des zweiten Angeklagten wurden ergebnisorientiert verfälscht und der dritte Angeklagte wurde mit roher Gewalt zu einem falschen Geständnis gezwungen.

In der Folge werden die Urteile aufgehoben und die drei aus dem Gefängnis entlassen. Die an den Beweismanipulationen beteiligten Polizisten werden zwar vom Dienst suspendiert, eine Zivilklage der „Tottenham Three" auf Schadenersatz wird aber nicht zugelassen.

Wenn Gutachter streiten

Der Fall Hans Hetzel
Deutschland, 1953–1969

Der Prozess gegen Hans Hetzel und seine Verurteilung waren etwas Besonderes im Deutschland der 1950er Jahre: Erstmals wurden pikante erotische Details einer Tat so öffentlich erörtert und in den Medien wiedergegeben. Und erstmals kam es zu einer Auseinandersetzung zwischen Gutachtern aus Ost und West an ein und demselben Fall, wobei der westliche Gutachter blass ausstieg. Auf der Strecke blieb ein Justizopfer, das sein halbes Leben dabei verlor.

Die Geschichte spielte sich so ab: Am 1. September 1953 fährt der 27 Jahre alte Hans Hetzel, ein gelernter Metzger mit Abitur, in seiner Funktion als Vertreter für Billardtische nach Freiburg. Als er vor einem Bahnübergang halten muss, bemerkt er eine 25-jährige, auffallend hübsche rothaarige Frau, die ihm freundlich zuwinkt. Sie willigt sofort ein, als er fragt, ob er sie mitnehmen kann. Unterwegs bemerkt er, dass sie offenbar einem schnellen sexuellen Abenteuer nicht abgeneigt ist.

In der Folge kommt es zu einer heftigen sexuellen Begegnung auf einer Wiese, die Frau scheint unersättlich zu sein. Sie fordert Hans Hetzel unverblümt zu einer härteren Gangart auf, und er spürt, wie sie ihm während des Geschlechtsaktes den Rücken zerkratzt und in den Hals beißt. Darüber hinaus will sie Analverkehr, bei dem Hetzel aber gänzlich unerfahren ist. Plötzlich wird sie, mitten im Geschehen, ganz schlaff, und Hetzel stellt fest, dass sie tot ist.

In seiner Panik nimmt er die Leiche, packt sie in sein Auto und versteckt sie in einem Gebüsch an der Bundesstraße 15. Er steigt in den Wagen und versucht, den Ort der Lust und des Schreckens möglichst schnell hinter sich zu lassen.

Zwei Tage später wird die nackte Frauenleiche von einem Jagdaufseher gefunden. Die Tote wird als Magdalena Gierth identifiziert. Nun schrillen bei der Polizei die Alarmglocken, denn in unmittelbarer Nähe des Fundortes sind in jüngerer Vergangenheit schon zwei Mal nackte Frauenleichen gefunden worden, und die Fahndung nach dem sogenannten „Autobahnmörder" ist bisher ergebnislos verlaufen.

Wie die Polizei schnell feststellt, sind diesmal wie in den anderen Fällen auch Tatort und Fundort nicht identisch. Die Beamten beauftragen eine Fotografin aus der nahe gelegenen Stadt, Farbfotos von der Leiche zu machen. Darauf sind eindeutig Würgemerkmale an Hals und Genick sowie Kratz- und Bissspuren auf

153

der rechten Brust zu erkennen, weiters ein blutunterlaufenes linkes Auge.

Am folgenden Tag wird am pathologischen Institut der Universität Freiburg die Autopsie vorgenommen. Ergebnis: Die Tote hat eine versuchte Abtreibung hinter sich, die zahlreichen Spuren und die Art der Gewaltanwendung lassen den Schluss zu, dass diese in einer hochgradig sexuellen Erregung erfolgt ist. Der Tod sei offenbar durch Herzversagen eingetreten, eine gewaltsame Erstickung als Todesursache sei mit Sicherheit auszuschließen. Und auch die Schwere der entdeckten Verletzungen reichen in keiner Weise aus, um den Tod erklären zu können, so die Gutachter.

Am 5. September 1953 erscheint der Ehemann von Magdalena Gierth bei der Polizei und meldet seine Frau als vermisst. Er identifiziert die Leiche und gibt zu Protokoll, seine Frau sei öfter nachts weggeblieben und habe ein durchaus leichtsinniges Leben geführt.

Zwei Tage später meldet sich auch Hans Hetzel bei der Polizei und gibt an, die Ermordete als Anhalterin mitgenommen und an der Landstraße wieder abgesetzt zu haben. Die Ermittler werden stutzig und beginnen mit weiteren Verhören. Im Zuge dieser Befragungen gesteht Hans Hetzel schließlich, dass er Verkehr mit der Frau gehabt habe, sie aber plötzlich regungslos in seinen Armen zusammengesackt sei. In seiner Panik habe er die Tote in sein Auto gelegt und am späteren Fundort deponiert. Er bestreitet vehement jede Verletzungs- oder gar Tötungsabsicht.

Die Staatsanwaltschaft erhebt sofort Anklage – zunächst allerdings nur wegen Körperverletzung mit Todesfolge. Als gerichtlicher Gutachter wird Prof. Ponsold, der Vorstand des Instituts für gerichtliche Medizin der Universität Münster, bestellt – eine international anerkannte Kapazität. In seinem Gutachten, das sich in der Hauptsache auf die Auswertung der mangelhaften Fotos vom Fundort der Leiche stützt, kommt der Professor zu für Hans Hetzel folgenreichen Ergebnissen: Die Frau sei eindeutig durch einen Kälberstrick oder einen ähnlichen Gegenstand er-

154

drosselt worden. Zuvor hätte der Angeklagte der Frau ins Gesicht und auf die Nase geschlagen. Schließlich hätte er sie halb bewusstlos geprügelt und während ihres minutenlangen Todeskampfes noch Verkehr mit ihr gehabt.

Hans Hetzel ist entsetzt und beteuert erneut ganz entschieden seine Unschuld. Die Verteidigung fordert neue Gutachten. Doch Gutachter Ponsold erklärt dem Gericht, er sei sich seiner Sache ganz sicher und brauche die Hilfe weiterer Sachverständiger nicht. Das Gericht folgt den Behauptungen des weithin anerkannten Professors und weist die Anträge der Verteidigung zurück.

Das Ponsold-Gutachten sowie das Schlussplädoyer des Oberstaatsanwalts, in dem Hans Hetzel als Bestie in Menschengestalt dargestellt wird, der sich am Leiden seiner Opfer sexuell ergötzt, stempeln den Angeklagten zum sadistischen Lustmörder ab. Als dann noch vorgebracht wird, dass Hetzel trotz seiner Ehe als Schürzenjäger gilt, der gerne Anhalterinnen mitnimmt, und dass er wegen eines Unfalls mit Todesfolge vorbestraft ist, hat er vor Gericht und bei den Geschworenen keine Chance mehr. Er wird zu lebenslangem Zuchthaus verurteilt.

Hans Hetzel kommt in Einzelhaft in das Gefängnis von Bruchsal und ist jetzt ein gebrochener Mann. Seine eigene Mutter wendet sich von ihrem „perversen Sohn" ab, seine Frau reicht die Scheidung ein. Er kapselt sich in der Haft zusehends von seiner Außenwelt sowie den Mitgefangenen ab und verliert jeden Mut, als die zahlreichen Revisionsanträge seiner Verteidiger immer wieder abgewiesen werden.

Erst 1964 – neun Jahre nach seiner Verurteilung – schöpft er wieder neuen Mut, nachdem er in eine andere Zelle verlegt wird und wieder mehr Kontakt zu Mitgefangenen aufnimmt. Über einen Anstaltslehrer hört er von der „Deutschen Liga für Menschenrechte", setzt sich brieflich mit dieser Vereinigung, deren Vorsitzender der Schriftsteller Frank Arnau ist, in Verbindung und ersucht um Unterstützung in seinem Fall.

Arnau gelingt es, mit Dr. Fritz Gross einen renommierten Frankfurter Strafverteidiger für den Fall Hetzel zu gewinnen. Schon bei der ersten Durchsicht der Akten sticht Gross Erstaunliches ins Auge: Das Prozessgutachten über die Todesursache ist quasi in einer Art Ferndiagnose auf Basis von vergrößerten und deshalb unscharfen Fotos erstellt worden, die noch dazu nicht am Tatort, sondern am Fundort der Leiche aufgenommen worden sind – nach einem rund 30 Kilometer weiten Transportweg und nachdem die Tote einen Abhang hinuntergerollt ist.

Diese und weitere Ungereimtheiten veranlassen Gross schließlich, die Vertretung von Hans Hetzel zu übernehmen. 1966 stellt er beim zuständigen Gericht einen Antrag auf Wiederaufnahme des Verfahrens, der aber abgewiesen wird. Das Gericht hält weiterhin eisern am Gutachten des Dr. Ponsold fest, obwohl nunmehr schon elf international renommierte Gutachter die Ponsold-Expertise heftig kritisieren.

Nach weiteren vergeblichen Versuchen, den Fall neu aufzurollen, bleibt Gross nur noch eine Hoffnung in Gestalt von Professor Dr. Otto Prokop, einer anerkannten Kapazität auf dem Gebiet der postmortalen Blutungen. Dieser lebt und lehrt aber in Ost-Berlin, was ein Engagement für ein Gutachten deutlich erschweren könnte. Gross gelingt es dennoch, den ostdeutschen Experten für seine Arbeit zu gewinnen.

Das Gutachten des Blutungsspezialisten spricht eine deutliche Sprache: Blutungen unter der Haut können auch noch mehrere Stunden nach dem Tod auftreten. Und die Frau ist unmittelbar nach ihrem Tod so oft bewegt worden, dass sämtliche Verletzungen an ihrem Körper auch nach ihrem Tod eingetreten sein könnten. Weiters findet Prokop auf den schlechten Fotos auch keinen Hinweis darauf, dass die Frau mit einem Kälberstrick oder Ähnlichem erdrosselt worden ist. Darüber hinaus hält Gutachter Prokop Todesfälle während des Beischlafs für nichts Ungewöhnliches und vermutet als Todesursache von Magdalena Gierth einen plötzlichen Herztod als Folge einer Lungenembolie.

Die Verteidigung von Hans Hetzel in Gestalt von Dr. Gross reicht am 24. Juni 1968 erneut einen Wiederaufnahmeantrag ein. Nach fast einjähriger Wartezeit wird am 30. April 1969 dem Antrag stattgegeben und die sofortige Vollstreckungshemmung angeordnet. Hans Hetzel kommt nach insgesamt 16 Jahren Haft endlich frei und kann das Gefängnis sofort verlassen.

Im Verlauf des neuen Verfahrens im November 1969 versuchen zwar die handelnden Personen aus dem ersten Prozess, etwa Dr. Ponsold und der ehemalige Oberstaatsanwalt, ihre damaligen Behauptungen aufrechtzuerhalten und zu untermauern, das Gericht und die Geschworenen folgen aber den Aussagen des neuen Gutachters und weiterer Expertisen.

Angesichts dieser eindeutigen Sachlage wird das Verfahren gegen Hans Hetzel schließlich eingestellt, er wird vollständig rehabilitiert und erhält eine Haftentschädigung von 75.000 D-Mark (knapp 37.500 Euro). Hetzel kann aber weder beruflich noch privat wieder richtig Fuß fassen und stirbt 1988 an Krebs.

Verhängnisvolle Affären

Der Fall Vera Brühne
Deutschland, 1960–2001

Der Mord an einem bekannten Arzt und seiner Geliebten im Jahr 1960 in Bayern wurde zu einem der umstrittensten Kriminalfälle in der Geschichte der Bundesrepublik Deutschland. Bis heute konnte nicht restlos geklärt werden, was damals wirklich geschah: Die Polizei verabsäumte es, wichtige Spuren zu sichern und die Tat ordentlich zu rekonstruieren; die Anklage stützte sich auf teils illegitime Beweisstücke; die Verdächtigen wurden schon vor dem Prozess von zahlreichen wichtigen Medien vorverurteilt.

Die Geschichte: Am 19. April 1960, dem Dienstag nach Ostern, werden der Münchner Arzt Dr. Otto Praun und seine

Haushälterin Elfriede Kloo in der schmucken Villa des Arztes am Starnberger See tot aufgefunden. Eine Pistole liegt neben den Toten. Alles deutet darauf hin, dass der 66-jährige Arzt erst seine Haushaltshilfe und dann sich selbst erschossen hat – Mord und Selbstmord also, wobei kein Abschiedsbrief gefunden wird.

Für die Polizei ist es ein tragischer Routinefall und die Toten werden bald zur Beerdigung freigegeben. Die Ermittlungsbeamten stellen so gut wie keine Beweismittel sicher, so klar scheint der Fall.

Als einige Zeit später das Testament geöffnet wird und Vera Brühne als Erbin einer Finca in Spanien aufscheint, schöpft Günter Praun, der Sohn des toten Arztes, Verdacht und beantragt eine nachträgliche Obduktion. Die Leichen werden exhumiert und bei der anschließenden gerichtsmedizinischen Untersuchung stellt sich heraus: Es war Doppelmord. Otto Braun hatte zwei Kugeln im Kopf, er konnte also nicht geschossen haben.

Die Ermittler glauben nun, das Tatmotiv zu kennen – Habgier. 1961 wird Mordanklage gegen Vera Brühne und einen ihrer damaligen Freunde namens Johann Ferbach erhoben. Als Brühne am 3. Oktober 1961 aus den Ferien in Spanien, die sie gemeinsam mit ihrer Tochter in ihrer eben erst geerbten Villa verbracht hat, nach München zurückkehrt, klicken die Handschellen.

Die Staatsanwaltschaft wirft Brühne vor, ihren Freund Ferbach zum Doppelmord angestiftet zu haben, um die Villa in Spanien, mit der sie Doktor Praun im Testament bedacht hat, doch noch in ihr Eigentum zu bringen. Denn die Beziehung zu dem Arzt hätte sich dem Ende zugeneigt und sie befürchten müssen, dass Praun sein Testament wieder ändert, und zwar zu ihren Ungunsten.

Die Ermittlungen der Staatsanwaltschaft für den Prozess gestalten sich schwierig und werden teilweise auch recht einseitig betrieben. So kann nach der Exhumierung der genaue Todeszeitpunkt nicht mehr eindeutig festgestellt werden. Die Beamten setzen ihn mehr oder weniger willkürlich fest – auf den 14. April 1960. Hätten die Ermittler und die Staatsanwaltschaft den Todeszeitpunkt auf einen anderen Tag festgelegt, hätte Brühne ein Alibi gehabt.

Weiters wird kein einziger stichhaltiger Beweis dafür gefunden, dass Brühne oder Ferbach zur fraglichen Zeit in dem Haus des Arztes am Starnberger See gewesen sind. Die Anklage stützt sich darüber hinaus auf verschiedene entscheidende Beweismittel, die nach den Maßstäben des Strafprozessrechts nicht hätten verwendet werden dürfen, etwa die Armbanduhr des toten Dr. Praun oder einen angeblich am Tatort gefundenen Brief. Denn diese Beweismittel wurden nicht polizeilich gesichert und der Anklagevertretung von Günter Praun, dem Sohn des Toten, übergeben. Zu groß waren da die Manipulationsmöglichkeiten.

Auch die Zeugen der Anklage sind nicht unbedingt die glaubwürdigsten: Vera Brühnes Tochter Sylvia belastet ihre Mutter bei den Verhören, vor Gericht widerruft sie diese Aussagen aber. Ein weiterer Zeuge, er sitzt mit Ferbach im Gefängnis, sagt aus, dass Ferbach ihm den Doppelmord gestanden habe. Beim Prozess stellt sich allerdings heraus, dass dieser Mithäftling ein Polizeispitzel ist. Und die Sprechstundenhilfe beschwört, dass Dr. Praun ihr vor Ostern erzählt habe, er wolle sich am Gründonnerstag mit Vera Brühne in seinem Haus am See treffen. Das ist ebenfalls nicht zu belegen und wird sich als falsch herausstellen, wenn auch erst viel später.

Die Verteidigung zerpflückt auch das nach Meinung der Staatsanwaltschaft der Tat zugrunde liegende Motiv. Vera Brühne stellt entschieden in Abrede, mit Dr. Praun oder auch mit Johann Ferbach in einer Beziehung gestanden zu sein. Vielmehr habe es sich um ganz normale Bekanntschaften gehandelt, ohne irgendeinen sexuellen Hintergrund. Dies erschüttert die Argumentation der Staatsanwaltschaft, der zufolge Vera Brühne Angst vor einer Beendigung der Beziehung mit Praun gehabt und ihn deshalb schließlich ermordet hätte.

Im Verlauf des Prozesses wird weiters das etwas dubiose Vorleben des Dr. Praun offenkundig. Er hat nicht nur eine (damals illegale) Abtreibungsklinik betrieben, sondern war auch in diverse fadenscheinige Waffengeschäfte verwickelt. Außerdem unterhielt er schon lange Kontakte zu Geheimdiensten, wie etwa zum deutschen Bundesnachrichtendienst.

Nach 22 Verhandlungstagen und nach der Anhörung von 117 Zeugen sowie der Arbeit von rund einem Dutzend Sachverständiger fällt am 4. Juni 1962 das Urteil:

Vera Brühne und ihr Freund Johann Ferbach werden des gemeinschaftlich begangenen Doppelmordes für schuldig befunden und zu lebenslanger Haft verurteilt. Vera Brühne, die ihre Schuld stets bestritten hat, beteuert neuerlich ihre Unschuld.

Weil der Urteilsspruch auf Basis einseitiger und unsauberer Ermittlungen zustande kam, hätte Vera Brühne niemals verurteilt werden dürfen, schreibt „Die Zeit" damals. Dessen ungeachtet lehnt der deutsche Bundesgerichtshof einen Revisionsantrag der Verteidigung am 4. Dezember 1962 ab.

Der Fall wird von vielen Medien am Köcheln gehalten und im Lauf der Jahre kommen immer wieder interessante Details an die Öffentlichkeit: So gibt im September 1967 ein Agent des Bundesnachrichtendienstes bei der Bonner Staatsanwaltschaft zu Protokoll, dass er Dr. Praun noch am Karfreitag lebend gesehen habe – also einen Tag nach dem vom Gericht festgesetzten Todeszeitpunkt. Er sei damals mit seinem Chef, dem persönlichen Referenten des Verteidigungsministers Franz Josef Strauß, und einem dritten Mann, dessen Identität er noch nicht preisgeben wolle, zu Dr. Praun an den Starnberger See gefahren. Dieser ominöse dritte Mann hätte auch geschossen.

Aber anstatt die Urteile in dem Fall neuerlich zu überprüfen, wird der Zeuge aus dem Geheimdienstumfeld gestoppt. Ihm wird der Prozess wegen Falschaussage gemacht, er fasst rund 8000 D-Mark (etwa 4000 Euro) an Strafe aus (die vom Bundesnachrichtendienst bezahlt wird) und muss sich verpflichten, sein Wissen künftig für sich zu behalten.

Weitere Zeugen werden einige Jahre später ebenfalls daran gehindert, auszupacken: Eine Kronzeugin der Anklage, die Sprechstundenhilfe des Dr. Praun, erklärt 1969 einem Reporter gegenüber unter Tränen, sie habe im Prozess falsch ausgesagt. Kurze Zeit später ist sie tot. Ebenfalls unter mysteriösen Umständen zu Tode kommt ein Freund des redseligen Geheimdienstmannes, der sich beim BND die Akte zum Fall Dr. Praun besorgen wollte. Er wird 1971 in einem Wald bei Pullach vergiftet aufgefunden.

In der Zwischenzeit stirbt Johann Ferbach 1970 an einem Herzversagen im Gefängnis.

1975 wird ein Gnadengesuch Vera Brühnes vom damaligen bayerischen Ministerpräsidenten Alfons Goppel abgelehnt. Vier Jahre später jedoch begnadigt der neue Ministerpräsident Franz Josef Strauß die inzwischen 69 Jahre alte Brühne, nach 17 Jahren Haft – ein Umstand, der weiteren Spekulationen Auftrieb gibt. So wird gemunkelt, mit der raschen Begnadigung wollte Franz Josef Strauß einem neuen Prozess zuvorkommen, der möglicherweise für ihn und für den Bundesnachrichtendienst Unangenehmes zutage gefördert hätte.

Tatsache ist jedenfalls, dass Vera Brühne bis zuletzt immer bestritten hat, die Morde in Auftrag gegeben oder begangen oder sonst irgendetwas damit zu tun gehabt zu haben. Sie stirbt 2001 in ihrer Münchner Wohnung im Alter von 91 Jahren.

Politmord im Zeichen des Kreuzes

Der Fall Jeanne d'Arc
Frankreich, 1430–1450

Einer der weltweit bekanntesten Justizirrtümer ist der Fall Jeanne d'Arc. Hierbei handelt es sich aber weniger um einen klassischen Justizirrtum, sondern vielmehr um einen geplanten Justizmord mit vielen in der Rechtsprechung des Spätmittelalters bezeichnenden Ingredienzien: politische Intrigen und politische Feigheit, religiöse Dogmen, unter schwerster Folter erpresste Geständnisse.

Die Geschichte: Im Verlauf des Hundertjährigen Krieges müssen die Franzosen eine Reihe bitterer Niederlagen gegen England einstecken. Gemäß dem Friedensvertrag von Troyes (1420) fällt fast ganz Frankreich an die Engländer. Nur südlich der Loire ist unter anderem mit dem Königreich Bourges ein kleiner Rest von Frankreich übrig geblieben. Und als sich dazu noch das Herzogtum Burgund mit England verbündet, scheinen die Tage Frankreichs gezählt. Im noch nicht besetzten Bourges residiert mit Karl VII. ein 19-jähriger schwächlicher Jüngling.

In dieser verzweifelten Lage schöpfen die Franzosen 1429 durch das Auftauchen eines jungen Mädchens – es nennt sich Jeanne d'Arc – neuen Mut. Das bildhübsche 16-jährige Bauernmädchen aus Lothringen sieht mit ihrem Pagenkopf aus wie ein Junge. Es behauptet, eine Jungfrau zu sein, die schon seit Jahren Stimmen höre. Sie sei im Namen des Himmels gekommen, um Frankreich aus seiner misslichen Lage zu retten, die Engländer zu vertreiben und so dazu beizutragen, Karl zum König von Frankreich zu machen. Nachdem sie Karl VII. und den Kronrat von ihrer Mission überzeugen kann, wird für sie eine Rüstung angefertigt und eine kleine militärische Einheit aufgestellt.

Ihr erster Auftrag ist es, einen Proviantzug nach Orléans zu schaffen, vorbei an den Belagerungsringen der Engländer. Das Unternehmen gelingt. Die durch diesen Erfolg motivierten, in der Stadt eingeschlossenen Truppen kann sie leicht überzeugen, einen Ausfall zu wagen. In den anschließenden Kämpfen am 7. Mai 1429 wird sie von einem Pfeil getroffen und verwundet, dennoch kämpft sie unermüdlich weiter, was die Kampfmoral ihrer Truppen weiter verstärkt.

Nur einen Tag später geben die Engländer die Belagerung von Orléans auf und ziehen geschlagen ab. In den nächsten zwei Monaten schafft es Jeanne d'Arc mit ihren Einheiten, die Engländer aus allen Gebieten südlich der Loire zu vertreiben. Am 17. Juli 1429 wird Karl VII., wie von Jeanne d'Arc prophezeit, zum König von Frankreich gekrönt.

Jeanne d'Arc will nun Paris von den Engländern befreien. Im September 1429 gestattet ihr Karl VII., nach Paris zu ziehen, um die Stadt für Frankreich zurückzuerobern. Als der erste Versuch scheitert, wendet Karl sich von ihr ab. Bei einem weiteren Versuch zur Befreiung von Paris gerät Jeanne d'Arc allerdings am 23. Mai 1430 in die Gefangenschaft der Burgunder. Karl unternimmt nichts zu ihrer Befreiung. Nach zwei missglückten Fluchtversuchen wird sie für 10.000 Franken an die Engländer übergeben.

Diese sind bestrebt, Jeanne d'Arc in Verruf zu bringen, und übertragen den Fall der katholischen Inquisition, wo sie wegen ihres Aberglaubens, ihrer Irrlehren und anderer Verbrechen gegen die göttliche Majestät sowie wegen Hexerei und Zauberei angeklagt wird. Drei Monate dauert der Prozess unter dem Vorsitz des Bischofs von Beauvais, 46 voreingenommene und fanatische Richter und Beisitzer unterziehen sie einem strengen Verhör. Im Frühling 1431 wird sie in 12 von 67 Anklagepunkten für schuldig befunden: Darunter sind Feenzauber, Häresie, Dämonenanbetung, Geschlechtsverleugnung, widerrechtliches Waffentragen und Mord. Während des Prozesses macht sich Jeanne d'Arc zusätzlich noch Feinde, weil sie die Autorität der Kirche in dieser Frage nicht anerkennt und nur ein direkt von Gott stammendes Urteil akzeptieren will.

Sie wird zum Tode auf dem Scheiterhaufen verurteilt. Aus spontaner Furcht vor dem Feuertod und um ihr Leben zu retten, widerruft sie im Mai 1431 ihr Geständnis. Es folgen die Exkommunikation und die Verurteilung zu lebenslanger Haft als Ketzerin.

Aus politischen Gründen ist dieses Urteil für die Anhänger der Besatzer und für die Engländer selbst unbefriedigend, ihnen geht es vor allem darum, Karl VII. beim Klerus und beim Adel als Befürworter einer Ketzerin zu denunzieren und auf diese Weise politisch zu entmachten.

Für Jeanne d'Arc bedeutet dies die Katastrophe: Sie soll als unbelehrbare Ketzerin angeklagt werden, weil sie in ihrer Gefängniszelle erneut Männerkleidung angelegt habe. Während der Zeit in englischer Haft wird sie darüber hinaus grausam gefoltert und vergewaltigt. Vor der Perspektive einer lebenslangen Haft unter diesen grausamen Bedingungen widerruft sie ihren Widerruf. Es kommt erneut zum Prozess, das endgültige Urteil lautet: Verbrennung als notorisch rückfällige Ketzerin auf einem Scheiterhaufen auf dem Marktplatz von Rouen.

Am 30. Mai 1431 wird das nunmehr 19-jährige Mädchen auf dem Scheiterhaufen verbrannt. Auf einem Schild neben ihm sind die Vergehen zu lesen: Lügnerin, Verderberin, Volksbetrügerin, Wahrsagerin, Abergläubische, Gotteslästerin, Lasterhafte, Teufelsanbeterin. Um dem französischen Volk keine Möglichkeit zu geben, mit den sterblichen Überresten Reliquienkult zu betreiben, wird die Asche des Mädchens noch am selben Tag in die Seine gestreut.

Der Fall Jeanne d'Arc ist damit aber noch nicht abgeschlossen: Vor dem Hintergrund veränderter politischer Verhältnisse in Frankreich führen Ende 1455 die Bemühungen von Jeannes Mutter, den Prozess neu aufzurollen, sowie die Aussagen des Mönchs Ladvenu, der Einzelheiten der Misshandlungen und der Schändung während ihrer Haft preisgibt, zur Aufnahme eines Rehabilitationsprozesses in Paris. Am 7. Juli 1456 wird das Urteil gegen Jeanne d'Arc für ungültig erklärt und das Mädchen vollständig rehabilitiert, ohne allerdings diejenigen zur Verantwortung zu ziehen, die ihren Tod verursacht haben.

Von nun an gilt Jeanne d'Arc als Märtyrerin und als unsterbliche Retterin ihres Landes. Und die katholische Kirche rehabilitiert Jeanne d'Arc dahingehend, dass sie 1909 selig und 1920 heilig gesprochen wird. Begründung laut dem „Biografisch-bibliografischen Kirchenlexikon": „Die Jungfrau von Orléans war, wenngleich zu einem viel zu frühen Tod verdammt, angefüllt mit einem unbedingten Glauben an Gott und dem Bewusstsein der Göttlichkeit ihrer Sendung. Ihr Leben war selbstlos und heroisch. Ihr Wesen erwies sich als großherzig und schlagfertig."

Im Rachen des Teufels

Der Fall Alfred Dreyfus
Frankreich, 1894–1906

Der Fall Dreyfus ist kein Justizirrtum im klassischen Sinn, vielmehr wurde hier die Justiz benützt, um bestimmte, klar definierte politische Ziele zu erreichen. Es ging vor allem um Antisemitismus und Nationalismus sowie darum, dem Volk einen Sündenbock für die ständig schlechter werdende wirtschaftliche, soziale und politische Lage im Frankreich des ausgehenden 19. Jahrhunderts zu präsentieren. Ein bekanntermaßen Unschuldiger wurde im wahrsten Sinne des Wortes zum Verräter gemacht, die Mittel dazu waren konstruierte Beweise, Gefälligkeitsgutachten und eine willfährige Militärjustiz.

Zur Geschichte: Am 25. September 1894 findet eine französische Agentin, die als Putzfrau getarnt in der deutschen Botschaft in Paris arbeitet, im Papierkorb des deutschen Militärattachés Max von Schwartzkoppen ein Schriftstück, in dem den Deutschen vom Verfasser angeboten wird, streng geheime Detailinformationen über die neueste französische Artilleriebewaffnung und andere sensible Informationen zu liefern. Das handgeschriebene Dokument – das als Bordereau (Ankündigungsschreiben, Lieferschein) bezeichnet wird – weist keinen Absender auf.

Im Nachrichtenbüro des Kriegsministeriums ist schnell klar, dass der Verräter nur an allerhöchster Stelle, im Generalstab, sitzen kann, denn nur dort sind die angebotenen Informationen verfügbar. Im Büro des Generalstabs beginnt man damit, die Handschriften der Mitglieder mit der auf dem Bordereau zu vergleichen. Dabei stellt sich eine gewisse, oberflächliche Übereinstimmung mit der Handschrift eines jungen Artilleriehauptmanns heraus. Der Mann heißt Alfred Dreyfus, ist 35 Jahre alt, stammt aus dem Elsass (ist also quasi Deutscher), und vor allem ist er Jude – kurzum, dem Generalstab ist er von vornherein höchst verdächtig.

Ein rasch herbeigerufener Schriftsachverständiger bestätigt zwar eine gewisse Übereinstimmung der Handschriften von Dreyfus und der auf dem Verräterschriftstück, dass es sich um dieselbe Handschrift handelt, kann er aber nicht bestätigen.

Nichtsdestotrotz beginnen am 14. Oktober 1894 die Vorbereitungen für die Verhaftung von Alfred Dreyfus. Im Zuge dessen lässt Major Paty de Clam, der vom Kriegsminister mit den Voruntersuchungen beauftragt worden ist, Alfred Dreyfus am 15. Oktober 1894 zu sich rufen und diktiert dem ahnungslosen Hauptmann ein paar Sätze zur Niederschrift. Das Diktat beinhaltet auch Worte und Satzteile aus dem Bordereau. Die anwesenden Offiziere erkennen eine Ähnlichkeit der Schriften und sind nun sicher, den Vaterlandsverräter in Gestalt von Dreyfus vor sich zu haben. Noch am selben Tag wird Dreyfus verhaftet und in Untersuchungshaft genommen.

Der Generalstab und das Militärgericht haben aber ein Problem. Es fehlt ein stichhaltiger Beweis für die Schuld von Dreyfus. Aber man möchte Dreyfus auf jeden Fall verurteilen, zu verlockend sind die Umstände: Dreyfus ist nicht nur Jude, mit ihm als quasi Deutschen kann man auch dem Erbfeind im Norden die Beteiligung an Militärspionage nachweisen.

Das Militärgericht beauftragt deshalb den Schriftexperten Alphonse Bertillon, einen fanatischen Antisemiten, mit der Erstellung eines weiteren grafologischen Gutachtens. Ergebnis: Die Schrift des Juden Dreyfus passt. Zwei weitere Gutachter bestätigen dieses Ergebnis.

Schon zwei Wochen nach der Verhaftung von Dreyfus sind die Voruntersuchungen abgeschlossen, der Presse wird der Fall dieses Hochverrats zugespielt, eine antisemitische Zeitung nennt den Juden Dreyfus als Schuldigen. Am 3. November 1894 erhebt die Militärjustiz formal Anklage gegen Dreyfus, und am 19. Dezember wird der Prozess vor einem Kriegsgericht in Rennes eröffnet. Schon drei Tage später erfolgt der einstimmige Spruch – schuldig im Sinne der Anklage. Das Urteil: unehrenhafte Entlassung aus der Armee und lebenslängliche Verbannung und Haft auf der Teufelsinsel, einem kleinen Eiland vor der Küste von Französisch-Guayana in Südamerika.

In der Öffentlichkeit erheben sich Proteste und Zustimmung gleichermaßen. Die einen bejubelten das Urteil und sehen sich in ihrer Meinung bestätigt, dass alles Schlechte, sogar Hochverrat, von Juden ausgeht. Die anderen sind entsetzt über die juristische Farce, die da ihrer Meinung nach abgelaufen ist.

Alle Bemühungen, vor allem seitens der Familie Dreyfus, das Urteil zu bekämpfen, scheitern. Alfred Dreyfus wird am 5. Jänner 1895 in einer öffentlichen Zeremonie degradiert und landet am 13. April desselben Jahres auf der Teufelsinsel, wo er seinen Arrest antreten muss.

Erste Hoffnungsschimmer für Dreyfus zeichnen sich erst 1896 ab, als im März ein nicht abgesandter Briefentwurf des deutschen Militärattachés Schwartzkoppen in die Hände des französischen Nachrichtenbüros gelangt. Adressat des gefundenen Schreibens: Major Walsin-Esterhazy, Mitglied des Generalstabs.

Der neue Geheimdienstchef Major Picquart ist zwar erst seit rund neun Monaten im Amt, erkennt aber sofort die neue Lage. Er ermittelt, dass Walsin-Esterhazy hoch verschuldet ist und einen aufwendigen Lebensstil betreibt, den er offensichtlich durch Spionage zu finanzieren versucht. Nachdem er sich seiner Sache ganz sicher ist, setzt er den Generalstab davon in Kenntnis. Dieser aber reagiert anders als erwartet: Picquart wird zum Stillschweigen verpflichtet und Anfang 1897 ins ferne Algerien versetzt.

Picquart hält sich nicht an das Schweigegebot und schickt von Algerien aus ein Dossier an den französischen Staatspräsidenten Félix Faure. Dieser bemüht sich zwar um eine Wiederaufnahme des Prozesses gegen Dreyfus, scheitert aber am Widerstand des Kriegsministers und der Generäle. Die Militärs lassen sogar zusätzliche Beweise fälschen, um die Schuld von Dreyfus zu untermauern.

Als Mathieu Dreyfus, der Bruder des Häftlings, im November 1897 die Denkschrift von Picquart in die Hände bekommt und darüber hinaus weitere Beweise zu haben glaubt, beschuldigt er Major Walsin-Esterhazy öffentlich, der tatsächliche Verräter zu sein. Nun geht Walsin-Esterhazy in die Offensive: Weil er sich seiner Protektion von höchster Stelle sicher ist, beantragt er ein Disziplinarverfahren gegen sich, das wenige Tage später ergebnislos eingestellt wird. Auch ein ordentliches Gerichtsverfahren gegen Walsin-Esterhazy Anfang 1898 endet nach nur wenigen Tagen mit einem Freispruch. Dennoch setzt sich Walsin-Esterhazy vorsorglich nach England ab.

Vor allem angesichts dieser Kurzprozesse gegen Walsin-Esterhazy und deren Ausgang entwickelt sich eine heftige Diskussion in der französischen Öffentlichkeit: Konservative Politiker vor allem, aber auch viele Katholiken und Angehörige der Armee sind nach wie vor von der Schuld Dreyfus' überzeugt, Republikaner, Sozialisten und linke Intellektuelle sehen in Dreyfus das Opfer, in Walsin-Esterhazy den Täter.

In dieser aufgeheizten Stimmung publiziert der Schriftsteller Émile Zola einen Offenen Brief mit dem Titel „J'accuse" („Ich klage an") in der Literaturzeitung „L'Aurore" von George Clemenceau. In diesem Offenen Brief, der an den französischen Staatspräsidenten gerichtet ist, attackiert Zola vor allem das Gericht. Er wirft ihm vor, wissentlich Beweise verfälscht beziehungsweise wissentlich gefälschte Beweise dem Urteil gegen Dreyfus zugrunde gelegt zu haben. Die Erregung in der Öffentlichkeit ist groß, die Polarisierung der Gesellschaft reicht bis in die Familien hinein.

Die Familie Dreyfus, vor allem die Ehefrau des verurteilten Alfred, nützt die allgemeine Erregung sowie das Auftauchen neuer Beweise für Dokumentenfälschung und stellt neuerlich einen Antrag auf Revision des Urteils. Zudem hat Major Walsin-Esterhazy am 25. September 1898 in London erstmals offen zugegeben, der Verfasser des Bordereaus gewesen zu sein.

Nach vielen Diskussionen innerhalb der zuständigen Behörden wird das Urteil gegen Dreyfus schließlich 1899 aufgehoben und der Fall wieder an das Kriegsgericht in Rennes verwiesen.

Beim neuen Prozess 1899 wird Dreyfus erneut schuldig gesprochen, es werden ihm aber mildernde Umstände zugebilligt, sodass das Urteil mit zehn Jahren Festungshaft niedriger als das ursprüngliche ausfällt. Um der Unruhe im eigenen Land und der Kritik aus dem Ausland entgegenzuwirken, bietet der Staatspräsident dem Verurteilten eine sofortige Begnadigung an, unter der Voraussetzung, dass er auf eine Berufung verzichtet. Er darf aber die Bemühungen zum Beweis seiner Unschuld fortsetzen.

Um seinem Leidensweg ein Ende zu setzen, akzeptiert Alfred Dreyfus am 15. September 1899 dieses Angebot, was von vielen seiner Anhänger enttäuscht zur Kenntnis genommen wird.

Bei den Wahlen in Frankreich im Jahr 1902 siegen die Linken, und es wird erneut der Ruf nach einem Revisionsverfahren im Fall Dreyfus laut. Der neue Kriegsminister erklärt sich 1903 dazu bereit.

Am 12. Juli 1906 annulliert das Oberste Gericht das Urteil von Rennes und rehabilitiert Hauptmann Alfred Dreyfus vollständig. Er wird wieder in die Armee aufgenommen, zum Major befördert und darüber hinaus zum Ritter der Ehrenlegion ernannt.

Eiskalt abserviert

Der Fall David Milgaard
Kanada, 1969–2004

Dieser kanadische Justizirrtum zeigt dreierlei: Erstens, wie essentiell sorgfältige Ermittlungen nach dem neuesten Stand der Technik sind, zweitens, dass man auch von Freunden eiskalt abserviert werden kann, sobald Geld oder eigene Vorteile im Spiel sind, und drittens, wie wichtig es ist, wenn man einen funktionierenden sozialen Hintergrund hat, der sich bedingungslos solidarisch verhält.

Die Geschichte: Die 20-jährige Säuglingsschwester-Gehilfin Gail Miller wartet in Saskatoon bei bitterer Kälte von minus 42

Grad um 6.30 Uhr morgens auf den Bus, als ihr plötzlich jemand von hinten die Hand auf den Mund und ein Messer an die Kehle hält und sie in eine einsame Nebenstraße drängt. Ein paar Stunden später – es ist der 31. Jänner 1969 – wird Gail Miller gefunden, sie liegt mit dem Gesicht nach unten im Schnee, zwölf Messerstiche haben ihr Leben beendet. Die Obduktion ergibt, dass sie vor der Ermordung vergewaltigt worden ist.

Freunde und Bekannte des Mordopfers werden verhört, ohne brauchbare Ergebnisse. Die Polizei schließt auch ein Serienverbrechen nicht aus, weil sich Vergewaltigungen in und um Saskatoon, einer Stadt mit über 100.000 Einwohnern, in der letzten Zeit gehäuft haben. Schließlich wird für Hinweise, die zur Ergreifung des Täters führen, eine Belohnung von 2000 kanadischen Dollar ausgesetzt.

Obwohl hunderte Hinweise bei den Behörden eintreffen, ergibt sich auch hier keine brauchbare Spur. Der Polizei fällt aber ein Mann namens Larry Fisher auf, der jeden Morgen um 6.30 Uhr an der betreffenden Bushaltestelle wartet. Beim Verhör gibt er an, auch am Mordtag zur selben Zeit hier gewartet zu haben, ihm wäre aber nichts Ungewöhnliches aufgefallen.

Im Zuge der Ermittlungen stellt sich heraus, dass auch David Milgaard, ein 16-jähriger Hippie aus Winnipeg, zusammen mit seinem Freund Ron Wilson und dessen Freundin Nichol John zur fraglichen Zeit in der Nähe des Tatorts war. Er will mit seinen Kameraden einen anderen Freund namens Albert Cadrain in Saskatoon besuchen. Unglücklicherweise bleibt der Pkw des Trios unweit des Tatorts bei der Bushaltestelle im Schnee stecken, sodass sie Anwohner um Hilfe bitten, um ihren Wagen wieder flott zu kriegen. Es klappt, und nach dem Besuch bei Albert Cadrain fahren die drei weiter nach Westen, in die Provinz Alberta.

Als Mr. Cadrain von der hohen Belohnung hört, setzt er sich mit der Polizei in Verbindung und erzählt den Beamten vom Besuch seiner drei Freunde genau zur Tatzeit. Weiters gibt er zu Protokoll, er habe gesehen, wie David Milgaard versucht habe, einen kleinen Kosmetikkoffer zu beseitigen. Die Polizei kann den Aufenthaltsort der drei Freunde zwar ermitteln, die Verhöre bringen zunächst aber nichts.

Erst als Ron Wilson klar wird, dass er zu den Verdächtigen zählt, beginnt er David Milgaard schwer zu belasten. Dieser besitze ein Messer, und seine Hosen seien blutverschmiert gewesen, als er von der Suche nach Hilfe bei der Pkw-Panne zurückgekommen sei. Nichol John erklärt sogar schriftlich, sie habe gesehen, wie David eine junge Frau erstochen habe.

Jetzt wird David Milgaard verhaftet. Der 16-Jährige ist für die Polizei kein Unbekannter: Er ist wegen Diebstahls vorbestraft, hatte schon mit 14 einen Lkw geklaut und verdient seinen Lebensunterhalt als Zeitschriften-Keiler. David bestreitet aber entschieden, etwas mit dem Mord an Gail Miller zu tun zu haben, und gibt bereitwillig Blut- und Spermaproben ab.

Dennoch erhebt die Staatsanwaltschaft Anklage wegen Mordes, vor allem aufgrund der belastenden Zeugenaussagen. David Milgaard beteuert immer wieder seine Unschuld. Seine Freunde seien unglaubwürdig, weil sie nur die ausgesetzten Belohnungen kassieren wollten. Die Geschworenen kommen nach zwölfstündiger Beratung zu folgendem Verdikt: schuldig des Mordes an Gail Miller. Das Gericht verurteilt David Milgaard im Jahr 1970 zu einer lebenslangen Haftstrafe.

David Milgaard begeht während der ersten Jahre im Gefängnis mehrere Selbstmordversuche aus Verzweiflung. Er tritt in den Hungerstreik mit dem Ziel, in ein Gefängnis in Winnipeg verlegt zu werden, um so näher bei seinen Angehörigen zu sein. Als dies alles vergeblich ist, bricht er 1973 mit zwei Mitgefangenen aus dem Gefängnis aus, wird aber schon am nächsten Tag wieder verhaftet.

1980 gelingt ihm ein weiterer Fluchtversuch, diesmal ist David Milgaard für 77 Tage in Freiheit, bevor er wieder festgenommen wird. Als er bei der Festnahme abermals zu fliehen versucht, schießen ihm Beamte in den Rücken.

In der Folge bietet man ihm immer wieder die Begnadigung an, unter der Voraussetzung, dass er die Schuld am Mord von

Gail Miller eingestehen solle. Milgaard weigert sich aber und beteuert nach wie vor seine Unschuld.

In der Zwischenzeit wird David Milgaard von einem neuen Anwalt namens David Asper aus Winnipeg vertreten. Dieser möchte eine Wiederaufnahme des Verfahrens und beauftragt zwei Gerichtsmediziner, die biologischen Spuren des Mordes nochmals genau zu untersuchen. Einer der Gutachter stellt fest, dass die Proben nicht David Milgaard zugeordnet werden können. Der forensische Experte kommt sogar zu dem Schluss, dass es sich bei der Probe eher um den Urin eines Hundes als um Sperma handelt.

Der eingebrachte Wiederaufnahmeantrag wird 1991 vom kanadischen Justizministerium zurückgewiesen, das Urteil von 1970 wird bestätigt. Joyce Milgaard, Davids Mutter, lässt nichts unversucht, um ihren Sohn aus dem Gefängnis freizubekommen. Sie wendet sich in mehreren Kampagnen an die Öffentlichkeit, sammelt Spenden und setzt schließlich 10.000 kanadische Dollar als Belohnung für Hinweise aus, die David aus dem Gefängnis befreien können.

Nun interessiert sich eine breite Öffentlichkeit für den Fall, zumal sich auch Künstler und Musiker der Sache annehmen. Es werden immer wieder Nachtwachen vor dem Gefängnis organisiert. Einmal wird sogar eine Nachtwache vor dem Hotel abgehalten, in dem der kanadische Premierminister Mulroney während eines Besuchs in Winnipeg residiert. Davids Mutter gelingt es schließlich, mit dem Premierminister zu sprechen, und selbst der wünscht eine erneute Überprüfung des Falles.

Joyce Milgaard beauftragt darüber hinaus einen Privatdetektiv, der noch einmal alle Tatzeugen befragt und zudem Kontakt zu sechs jungen Frauen aufnimmt, die rund um die Tatzeit in Saskatoon vergewaltigt wurden. Das Ergebnis: Viele der Fälle, die ähnlich abgelaufen sind wie der Mord, sind geklärt, der Täter ist geständig und heißt Larry Fisher. Fisher hat zur Tatzeit in unmittelbarer Nähe des Tatorts gewohnt, hat aber bisher stets bestritten, etwas mit dem Mord zu tun zu haben.

Anwalt David Asper stellt erneut einen Antrag auf Wiederaufnahme des Verfahrens und stützt ihn darauf, dass nur Larry Fisher für den Mord an Gail Miller in Frage komme. Nicht zuletzt aufgrund des öffentlichen Drucks kommt es 1992 zur Anhörung vor den neun Obersten Richtern Kanadas.

Zuerst beteuert David Milgaard zum wiederholten Male seine Unschuld. Dann gibt der ehemalige Belastungszeuge Ron Wilson zu, 1970 beim Prozess gelogen zu haben. Die Polizei hätte ihn damals unter Druck gesetzt. Auch Nichol John nimmt ihre schweren Anschuldigungen, wonach sie David Milgaard beim Mord beobachtet habe, zurück.

Das Oberste Gericht kommt schließlich zur Erkenntnis, dass die Verurteilung von David Milgaard zweifelhaft ist. Es verweist den Fall für einen neuen Prozess zurück an das Bezirksgericht.

David Milgaard wird daraufhin sofort freigelassen, nachdem er über 22 Jahre unschuldig in Haft gesessen ist. Ein neuer Prozess gegen David Milgaard wird nicht mehr geführt, weil schon zu viel Zeit vergangen sei, wie der Generalstaatsanwalt erklärt. Nach modernen DNA-Tests wird 1997 schließlich zweifelsfrei Larry Fisher als Mörder von Gail Miller überführt. Er wird 1999 zu einer lebenslangen Haftstrafe verurteilt.

Die Staatsanwaltschaft von Saskatchewan entschuldigt sich 1997 öffentlich im Rahmen einer Pressekonferenz bei David Milgaard und seiner Familie für das erlittene Unrecht. Und für die vielen Jahre im Gefängnis erhält er eine Entschädigung von zehn Millionen kanadischen Dollar.

Der Oberste Gerichtshof Kanadas entschied angesichts des Falles David Milgaard und anderer ähnlicher Fälle, dass Personen, die einer schweren Straftat beschuldigt werden, nicht mehr an Länder ausgeliefert werden dürfen, in denen ihnen die Todesstrafe droht, denn die Enthüllungen über die vielen Fehlurteile in Kanada und den USA seien ein „tragisches Zeichen für die Fehlbarkeit des Rechtssystems".

Ein „Idiot" als Serienmörder

Der Fall Andrej Tschikatilo
Sowjetunion/Russland, 1978–1994

Die Serienmorde in den 1980er Jahren in Rostow am Don und der weiteren Umgebung gehören zu den finstersten Kapiteln der sowjetischen Kriminalgeschichte: Zum einen forderte der Fall, abgesehen von den wenigstens 53 Mordopfern, noch mindestens fünf weitere unschuldige Menschenleben, zum anderen kam es aufgrund von Obrigkeitshörigkeit im Zusammenhang mit den Ermittlungen und wegen der politischen Umwälzungen jener Zeit zu der paradoxen Situation, dass gerade durch die Ermittlungsfehler der Serienmörder sein Unwesen fast ein Jahrzehnt lang ungestört fortsetzen konnte. Erst gegen Ende der politischen Ära Gorbatschows, als sich Glasnost und Perestroika endgültig durchgesetzt hatten, gelang es im November 1990, mit Andrej Tschikatilo den wahren Täter zu verhaften.

Das Umfeld des Täters: Die Familiengeschichte von Andrej Tschikatilo beginnt tragisch – sein älterer Bruder wird während der großen Hungersnot in der Ukraine zu Beginn der 1930er Jahre entführt und von hungernden Menschen getötet, die ihn anschließend verzehren. Als Andrej 1936 geboren wird, ist die Situation kaum besser. Als Kind erfährt er von seiner Mutter vom tragischen Schicksal seines älteren Bruders und erlebt, wie sein Vater in die Rote Armee eingezogen, in deutsche Kriegsgefangenschaft gerät und – wie unter Stalin üblich – nach seiner Rückkehr als Deserteur verurteilt und in ein Arbeitslager gesteckt wird.

Andrej ist ein schwächliches Kind. Er leidet zudem an einer schweren Sehstörung und ist bis zu seinem zwölften Lebensjahr Bettnässer. Im Laufe der Pubertät bemerkt er, dass er impotent ist. Er weiß aber nicht, dass dieses Leiden bei ihm einen organischen Ursprung hat. Später, während der Haft beschreibt er sein

Lebensgefühl mit den Worten – er sei ohne Genitalien und Augen geboren worden.

All diese Handicaps führen einerseits zu schlechten schulischen Leistungen und zu vielen Demütigungen seitens Gleichaltriger, andererseits bewegen sie ihn zusammen mit der schlechten Reputation als Sohn eines Vaterlandsverräters dazu, sich in besonderem Maße politisch in der Partei zu engagieren. Er wird Mitglied der KPdSU, schreibt patriotische Artikel für verschiedene Zeitungen und lässt sich als Informant bei der Polizei anwerben. Dieses Engagement wird mit einem Studienplatz für Slawistik und Sport belohnt.

Nach Abschluss des Studiums an der Universität Rostow am Don wird er 1971 Russisch- und Sportlehrer. Obwohl er sich zu jungen Leuten hingezogen fühlt und mit ihnen zu Wettkämpfen reist, ist er für die Schüler keine Respektsperson. Er kann sich bei ihnen nicht durchsetzen, ist ihrem Spott ausgesetzt und verliert – nicht zuletzt aufgrund von beginnenden sexuellen Übergriffen auf Schüler – mehrmals seine Stelle als Lehrer an verschiedenen Schulen. Letzten Endes gibt er diesen Beruf auf und findet einen neuen Job in einer Fabrik in der Nähe von Rostow.

Seine Frau, mit der er zwei Kinder hat, kann ihn sexuell nicht befriedigen. Er kauft sich deshalb ein kleines, halb verfallenes Haus in Schachty, einer Kleinstadt unweit von Rostow, wo er sexuelle Kontakte zu Prostituierten, obdachlosen Frauen und Streunerinnen pflegt, mit denen er seine Vorlieben so richtig ausleben kann. In diesem Haus wird er später seinen ersten Mord begehen.

Die Geschichte des Falles: Im Dezember 1978 drangsalieren etliche Schüler ihren schwächlichen Lehrer Tschikatilo. Sie misshandeln und schlagen ihn. Er kann aber nicht viel dagegen tun. Denn er hat sich erpressbar gemacht, weil ruchbar wird, dass er nachts in den Schlafsaal der Schüler eingedrungen und einem Jungen gegenüber ziemlich zudringlich geworden ist.

Um diese Sorgen zu vergessen, beschließt er, sich mit einer Frau in seiner Datscha zu vergnügen und seinen Ärger mit Alkohol runterzuspülen. Auf dem Weg dorthin begegnet er der neun Jahre alten Lena Sakotnowa, spricht sie an und lockt das Mädchen in sein Haus. Nach einer wegen seiner Impotenz misslungenen Vergewaltigung richtet er das Mädchen in einem Anfall von Blutrausch mit mehr als 100 Messerstichen hin.

Dabei entdeckt er die hohe sexuelle Erregung, die ihn erfasst, wenn er jemandem Schmerzen zufügen und ihn töten kann.

Als die schrecklich zugerichtete Leiche zwei Tage später in einem nahe gelegenen Fluss gefunden wird, gehen in der Region die Wogen hoch. Die Behörden wollen deshalb der Öffentlichkeit rasch einen Täter präsentieren. Zu den Verdächtigen zählt auch Tschikatilo, denn es gibt in der Nähe seines Hauses Blutspuren im Schnee. Nach mehreren Verhören wird er aber freigelassen, weil das Sperma auf dem Mordopfer nicht zu seiner Blutgruppe passt.

Die ermittelnde Miliz konzentriert sich nun auf einen anderen Verdächtigen, den vorbestraften Alexander Krawtschenko, der in der Nähe des Tatortes wohnt. Dieser kann aber Alibizeugen für seine Unschuld namhaft machen. Nach mehreren brutalen Verhören widerrufen diese Zeugen ihre entlastenden Aussagen. Krawtschenko wird in seiner Zelle von einem als Mitgefangenen getarnten Beamten derart schwer misshandelt, dass er die Tat schließlich gesteht. Was nun folgt, ist ein kurzer Prozess, das Todesurteil und 1983 schließlich die Hinrichtung des unschuldigen Alexander Krawtschenko.

Den ermittelnden Behörden hätte bereits vor dem Prozess gegen Krawtschenko längst auffallen müssen, dass dieser mit den Morden nichts zu tun haben konnte. Denn schon während dessen Haft schlägt der Serienmörder ab 1981 immer wieder und immer brutaler zu. Schließlich präsentiert die Miliz – als Krawtschenko bereits tot ist – einen neuen Täter: Jurij Kalenik, einen Zögling aus einem Internat für geistig Behinderte. Nach schweren Misshandlungen im Zuge der Verhöre gesteht er Ende 1983, der lang gesuchte Rostow-Ripper zu sein.

Als das Morden aber dennoch weitergeht, obwohl mit Kalenik der vermeintliche Täter in Haft sitzt, setzt sich bei den Ermittlern die Überzeugung durch, es mit einer ganzen Bande von Mördern zu tun zu haben. Die Beamten setzen Kalenik so lange unter Druck, bis er eine Reihe von Namen nennt, jene seiner Freunde aus dem Internat.

Schließlich sitzt fast ein ganzes Dutzend geistig behinderter Internatsschüler im Rostower Gefängnis, die dem Druck der Ermittlungen kaum standhalten können. Die tragischen Folgen: Einer dieser Schüler begeht Selbstmord, ein anderer stirbt in der Untersuchungshaft unter nie ganz geklärten Umständen. Diese Episode der Ermittlungen geht in die sowjetische Kriminalgeschichte als „Idioten-Fall" ein.

Während der Untersuchungen gegen die inhaftierten Jugendlichen werden weiterhin Menschen, vor allem Mädchen und Frauen, umgebracht. Sonderermittler überprüfen nun besonders die Busstationen und Bahnsteige im Großraum von Rostow. Dabei gerät auch Tschikatilo ins Visier der Fahnder. Eine Reihe von schwer belastenden Indizien führen schließlich zu seiner Verhaftung. Doch nach drei Monaten kommt Tschikatilo wieder frei, die Blutgruppe des Mörders stimmt nicht mit der Blutgruppe Tschikatilos überein, wie die wiederholte Blutanalyse zeigt.

In weiterer Folge gerät eine ganze Bevölkerungsgruppe unter Verdacht: Die Ermittler überprüfen mehr als 400 Homosexuelle im Raum Rostow und verurteilen 105 von ihnen nach dem Anti-Sodomie-Gesetz zu Haftstrafen. Drei der auf diese Weise Diskriminierten begehen Selbstmord.

Als im November 1985 – bereits in Gorbatschows Amtszeit – eine neue Großfahndung eingeleitet wird, an der auch Soldaten und linientreue Parteimitglieder beteiligt sind, stellt sich der Erfolg ebenfalls nicht ein, aber das Morden hört plötzlich auf. Kein Wunder: Denn Tschikatilo ist als verdientes Parteimitglied und „informeller Mitarbeiter der Miliz" selbst an der Observierungsaktion beteiligt, er ermittelt also gleichsam gegen sich selbst – und stellt das Morden vorübergehend ein.

Knapp 20 Monate später, Mitte 1987, beginnt er wieder mit seinen Untaten, zuerst im Ural, dann in der Ukraine und in Leningrad und schließlich wieder in und um Rostow, seiner Heimatstadt.

Nach weiteren, nunmehr professionelleren und koordinierten Untersuchungen wird Andrej Tschikatilo schließlich am 20. November 1990 verhaftet. Der Prozess endet nach 15 Monaten am 14. Oktober 1992 mit einem Schuldspruch in allen Anklagepunkten. Tschikatilo wird zum Tode verurteilt und am 16. Februar 1994 durch Genickschuss hingerichtet.

Im Verlauf der zwölfjährigen Ermittlungen werden insgesamt 165.000 Blutproben entnommen, 500.000 Menschen überprüft und die Meldedaten von über fünf Millionen Personen kontrolliert. Und es wurde ein Justizirrtum gesühnt, der gar nicht hätte stattfinden müssen. Viele Menschen würden sich heute noch ihres Lebens erfreuen.

Taub und stumm

Der Fall Darryl Beamish
Australien, 1959–2005

Der Fall eines Serienmörders in Australien der 1950er und 1960er Jahre brachte Darryl Beamish fast an den Galgen. Der damals 18-jährige Taubstumme war ein bequemer Verdächtiger für die unter Druck geratene Polizei. Er konnte sich bei Gericht nicht adäquat artikulieren und hatte gegen viele Vorurteile der damaligen Gesellschaft zu kämpfen.

Die Geschichte: Am 19. Dezember 1959 wird Jillian Brewer, die reiche Erbin eines Schokoladefabrikanten, in ihrem Haus in der Nähe von Perth in Westaustralien tot aufgefunden. Sie ist mit einer Axt erschlagen und ihr Körper mit einer Schere grässlich verstümmelt worden. Der Fall verursacht landesweites Aufsehen und große Angst, besonders in den oberen Schichten der australischen Gesellschaft. Entsprechend hoch ist der Erfolgsdruck für die Polizei, ein Täter muss rasch gefunden werden.

Der Verdacht fällt auf Darryl Beamish, der sich zufällig in der Nähe des späteren Tatorts aufgehalten hat. Angesichts seiner Behinderung versteht er nicht, was die Polizei von ihm will. Er wird verhaftet und des Mordes an Jillian Brewer angeklagt. Er bestreitet mit seinen bescheidenen Ausdrucksmöglichkeiten vehement, irgendetwas mit dem Mord zu tun zu haben, auch die Beweise sind äußerst dürftig.

Dennoch befindet ihn das Gericht 1961 für schuldig und verurteilt ihn zum Tod am Galgen. Wenig später wird er glücklicherweise zu lebenslanger Haft begnadigt.

Zwei Jahre darauf passieren in Perth und Umgebung eine Reihe von Morden und Vergewaltigungen, sodass die Polizei zur Überzeugung kommt, ein Serienmörder treibe sein Unwesen. Im August 1963 wird in einem Gebüsch ein Kleinkalibergewehr gefunden, mit dem das letzte Opfer erschossen worden ist. Die Beamten bringen die Waffe nach eingehenden Untersuchungen an den Fundort zurück und legen sich auf die Lauer. Nach einigen Tagen, am 1. September 1963, kommt tatsächlich ein Mann zum Fundort und greift sich die Waffe. Es handelt sich um den 32-jährigen Lastwagenfahrer Eric Edgar Cooke, der sofort verhaftet wird.

In den Vernehmungen gesteht Cooke schließlich nach und nach eine Reihe von Mordtaten und Vergewaltigungen, die er zwischen 1949 und 1963 begangen hat – auch die Ermordung von Jillian Brewer gibt er freimütig zu. Er zeigt keinerlei Reue für seine Taten und wird auf seinen Geisteszustand untersucht. Die Experten sehen ihn uneingeschränkt schuldfähig, sodass ihn das Gericht schließlich zum Tode verurteilt. Am 26. Oktober 1964 wird Eric Cooke im Gefängnis von Freemantle gehängt.

179

Die Geständnisse von Cooke beweisen, dass Darryl Beamish zu Unrecht verurteilt wurde und mittlerweile schon über drei Jahre unschuldig im Gefängnis sitzt. Doch es passiert nichts.

Es kommt zu einem „monströsen Versagen der australischen Justiz", wie Peter Brett, ein australischer Professor für Rechtswissenschaften, schon 1966 in einem Buch betont. Denn für Darryl Beamish öffnen sich die Gefängnistore noch viele weitere Jahre nicht. Erst 1972 – ganze neun Jahre nach der Klärung jenes Mordfalls, für den er verhaftet und unschuldig verurteilt wurde – wird er schließlich aus der Haft entlassen.

Aber das ist noch immer nicht der ganze Skandal: Denn es ziehen weitere 32 Jahre ins Land, bis Darryl Beamish im Alter von 63 Jahren im April 2005 schließlich vom Gericht vollständig rehabilitiert wird.

Ein Ziegelstein als Herausforderung für die Justiz

Der Fall Dong Wei
China, 2001–2002

Ein Fall von Notwehr führte in der Volksrepublik China vor wenigen Jahren zu umfassenden Diskussionen darüber, wie die Berufungsinstanzen, speziell bei Todesurteilen, effizienter und schneller angerufen werden können. Denn bei verhängten Todesstrafen ist in China nicht nur stets Eile geboten, sondern auch eine genaue Kenntnis davon, wer letzten Endes über Leben und Tod entscheiden kann.

Die Geschichte: In der Stadt Yan'an in der Provinz Shaanxi nimmt am 2. Mai 2001 das Schicksal für Dong Wei seinen Lauf. Der 26 Jahre alte Bauernsohn aus einem nahe gelegenen Dorf lädt zwei Freundinnen ein, um in einem Tanzlokal zu feiern. Am Eingang werden sie vom 19-jährigen Song Yang angepöbelt. Dong Wei versucht seine Begleiterinnen zu überreden, in ein anderes

Lokal zu wechseln, als ihm Song Yang mit einem Ledergürtel ins Gesicht schlägt.

Als sich Dong Wei zu wehren versucht, kommen dem Angreifer einige Freunde zu Hilfe. Nun will Dong Wei weglaufen, aber die aggressive Meute holt ihn schnell ein. Sie packen ihn an den Haaren, drückten ihn zu Boden und wollen ihn fertigmachen. Im Verlauf dieser Rangelei bekommt Dong Wei einen Ziegelstein zu fassen und schlägt ihn Song Yang auf den Kopf. Dieser wird so unglücklich getroffen, dass er an Ort und Stelle stirbt.

Dong Wei wird verhaftet und des vorsätzlichen Mordes beschuldigt. Das Gericht glaubt ihm seine Version der Notwehr nicht und stützt sich dabei auf einen einzigen Augenzeugen, dessen Angaben aber extrem widersprüchlich und unglaubwürdig sind. Andere Augenzeugen gibt es nicht oder werden nicht gehört. Schließlich verurteilt das Gericht Dong Wei zum Tode durch Genickschuss.

Die Angehörigen von Dong Wei sind bestürzt. Sein Vater, ein Analphabet, weiß aber, dass jeder zum Tode Verurteilte in China das Recht auf ein Berufungsverfahren hat, und fährt in die Provinzhauptstadt Xi'an, um einen Verteidiger für seinen Sohn zu engagieren. Er kann den berühmten Anwalt Zhu Zhanping für die Vertretung seines Sohnes gewinnen.

Für den Advokaten steht schon nach kurzem Studium der Akten fest, dass Anklage und Urteil grob fahrlässig zustande gekommen sind. Ende Jänner 2002 reicht er deshalb eine Berufung bei der nächsten Instanz ein, dem Höchsten Volksgericht der Provinz Shaanxi. Aber es gibt keine Antwort, auch nicht, als er mehrere Male persönlich vorzusprechen versucht. Man bittet ihn lediglich um Geduld. Als er nach mehreren Monaten schließlich diese verliert und am 27. April 2002 erneut das Gericht anruft, erhält er die Auskunft, dass das Todesurteil gegen Dong Wei vor vier Tagen bestätigt worden ist.

Der Anwalt ist fassungslos, weil er überhaupt nichts erfahren hat, nicht einmal die Namen der zuständigen Richter. So bricht er sofort nach Peking auf, der etwa 1500 Kilometer entfernten Hauptstadt, und will das Oberste Gericht der Volksrepublik China mit der Causa befassen.

In der Zwischenzeit wird die Zeit extrem knapp. Denn Dong Wei sitzt bereits in der Todeszelle und soll schon einen Tag nach der Ankunft des Anwalts in Peking um 10.30 Uhr hingerichtet werden. Am Tag der geplanten Hinrichtung gelingt es dem Anwalt Zhu Zhanping endlich, dem Obersten Richter die Akten vorzulegen. Es ist kurz vor 10.00 Uhr.

Der Richter erkennt sofort, dass der Anwalt recht hat und Dong Wei unschuldig ist. Er versucht das Provinzgericht telefonisch zu erreichen, um die Hinrichtung zu verhindern. Um 10.24 Uhr schließlich hat er den zuständigen Richter in der Provinz am Telefon und befiehlt einen Aufschub der Hinrichtung.

Nun nehmen sich die chinesischen Medien des Falles an, sie schildern das Drama in allen Einzelheiten und loben Anwalt und Höchstrichter gleichermaßen für ihren Einsatz.

Dennoch hat Dong Wei Pech: In China sind zumindest 2002 die Zuständigkeiten und Kompetenzen der Höchstgerichte in den einzelnen Provinzen und jene des Höchsten Gerichtes in Peking nicht genau geklärt, vor allem nicht im Zusammenhang mit Todesurteilen und ihrer Vollstreckung. Aus diesem Grund beruft das Höchstgericht der Provinz Shaanxi gegen den Aufschub und gegen die Aufhebung des Todesurteils. Und es setzt sich durch.

Dong Wei wird am 26. August 2002 durch Genickschuss hingerichtet – sein einziges Verbrechen war Notwehr.

182

Danksagung

Wer immer dieses Buch „mit Genuss und Belehrung" (Original-zitat von Ludwig Steiner, Chef-Kolumnist des „Prager Tagblatts", einer längst eingestampften Zeitung, zitiert aus: Friedrich Tor-berg: „Die Tante Jolesch"), ja vielleicht sogar mit leichtem Gru-seln gelesen hat, dem bin ich zu Dank verpflichtet.

Das Wort „Dank" läuft manchmal Gefahr, seine tiefere Be-deutung zu verlieren. Nicht selten sagt man an der Kasse im Supermarkt für ein paar Cent Wechselgeld beiläufig „Danke", ohne zu registrieren, dass sich die Kassiererin ernsthaft Mühe beim Zählen und Herausgeben der paar Cent gibt – und wahr-scheinlich nur einen Bettel verdient. Immer wieder muss sich der Begriff „Danke" die verächtliche Beifügung „und Tschüss" gefal-len lassen. Und oft wird Menschen, denen man zu Dank ver-pflichtet ist, nicht mehr gedacht.

Dieses Buch ist erst durch viele für mich wichtige Mentoren und Kollegen ermöglicht worden. Allen voran möchte ich den leider schon lange verstorbenen Autor Stefan Vajda stellen. Er war „Senior-Editor" beim Wirtschaftsmagazin „trend". Folgende Anekdote darf ich hier erzählen: Mir wurde als jungem Redak-teur aufgetragen, einen Bericht über das Geschäft mit Ikonen in Wien und der Welt zu verfassen. Dieses schien zum damaligen Zeitpunkt, etwa 1986, ganz gut zu laufen. Mein euphorisches Resümee, angesichts der Marktlage: „Kauft, Leute, Ikonen, in denen göttliche Kräfte wohnen."

Der Text wurde tatsächlich veröffentlicht. Dann kam die Blattkritik. Zu Vajdas Zeiten war das so etwas wie ein redaktio-nelles Blutbad. Jeder durfte jeden fertig machen. Der Ikonen-Text war zuerst bei allen anderen Kollegen in der Kritik durchgerutscht. Wahrscheinlich hatten sie ihn gar nicht gelesen. Aber nun war der Meister persönlich an der Reihe.

Vajda sagte in verächtlichem ungarischen Tone nur: „Aahah, där Ikonen-Täxt."

Ich zog den Kopf ein und sagte: gar nichts.

Er sagte, ich glaube, bis nach Budapest hörbar, kurz: „Unsär jungär Kolläge hat diesä Aufgabä adäquat äxäkutiert."

Ich zog den Kopf noch weiter ein und sagte: überhaupt gar, gar nichts.

Ganz entfernt erinnere ich mich, dass es sich bei den nächsten Geschichten um irgendwelche Investment-Fonds gehandelt hat, aber ich weiß das nicht mehr so genau. Denn das Urteil von Stefan Vajda war wie ein eleganter Floretthieb.

„Adäquat äxäkutiert." Rübe ab. Todesurteil.

Vajda ist leider Ende der 1980er Jahre verstorben. Aber er hat, gemeinsam mit seinem Freund Lajos Ruff, der ebenfalls 1956 aus Ungarn nach Österreich fliehen konnte, mich und eine Reihe von Kollegen unter seine Fittiche genommen. Ebenso wie der legendäre Chefredakteur und Herausgeber des „trend", Helmut A. Gansterer. Oft hatte ich das Privileg, deren außergewöhnlicher Kritik schweißgebadet zu harren – und nicht selten blieb ich ratlos, viel öfter allerdings belehrt, zurück.

Heute weiß ich, warum.

Denn ich hoffe, dass jeder Leser dieses Buches nachvollziehen kann, dass alle Fälle von „Justizirrtümern in Österreich" nicht schnell und auch nicht durch dieses vorhandene Buch aufgeklärt, geschweige denn in ihrem ganzen Umfang dokumentiert werden können. Erich Sello, der Autor des umfassenden Werkes „Die Irrtümer der Strafjustiz unserer Zeit. Geschichte der Justizmorde von 1797–1910" hat in seinem Vorwort vermerkt:

„Ein solches Buch wird niemals fertig. Und wer es mit seiner Arbeit ernst nimmt, ist versucht, auf jedem Schritt seines Weges in Wagners Klage einzustimmen:

Wie schwer sind nicht die Mittel zu erwerben,
Durch die man zu den Quellen steigt,
Und eh' man nur den halben Weg erreicht,
Muss wohl ein armer Teufel sterben. "

Wagner tendierte mit diesen Sätzen in Richtung Apokalypse. Ich hingegen bin überzeugt davon, dass diese Sammlung von „Justizirrtümern" fortgesetzt werden wird. Deswegen sei an dieser Stelle jenen Autoren und Kollegen gedankt, die mir bei der Fertigstellung dieses Buches geholfen haben:

- Alwin Schönberger: Er hat den Fall Heidegger vor mehr als zehn Jahren als Reporter für die Zeitschrift „Wiener" aufgedeckt und nun wieder beschrieben.
- Alois Horner: Er zeichnet für die Recherche und wesentlich für die Texte der internationalen Fälle verantwortlich und war bei der Schilderung dieser Fälle von unschätzbarem Wert. Horner ist Computerexperte und Wissenschaftsjournalist.
- Peter Römer: Er wurde Mitte der 1980er Jahre in den Fall Tibor Foco involviert und hat die mannigfaltigen Widersprüche in dieser Causa aufgedeckt. Für seine Hilfe bei den Nachforschungen und auch dafür, dass er mir einen Gutteil seiner Unterlagen zur Verfügung gestellt hat, möchte ich mich herzlichst bedanken. 1997 hat Römer gemeinsam mit vielen Juristen den Menschenrechtsverein „Charta 97" gegründet.
- Franz Hofmann, Helmut Vogrin und Ewald Wukovits: Diese drei Kollegen kennt in Wahrheit kaum ein Mensch. Aber das ist eine Schande. Denn sie bewahren und dokumentieren unser Leben, unsere Geschichte, unsere Herkunft. Diese Herren verwalten das Archiv des „Kurier"-Verlages. Es ist, neben der Nationalbibliothek, das beste zeithistorische Gedächtnis des Landes. Ohne die spontane und intensive Hilfe dieser Experten würde es dieses Buch nicht geben.

- Arnold Klaffenböck: Er ist Lektor des Ecowin-Verlages und hat Fehler im Manuskript in affenartiger Geschwindigkeit behoben. Und mich auch bei etlichen Korrekturen mit engelsartiger Geduld beraten.
- Und schließlich möchte ich noch meiner Familie dafür danken, dass ich viele Geburtstagsfeste ohne ihre Schelte versäumt habe. Sie werden nachgeholt.

Ich hoffe, Sie werden dieses Buch, wie Professor Ludwig „Lutz" Steiner aus Friedrich Torbergs Erinnerungen gemeint hat, mit „Genuss und Belehrung" lesen. Und auch mit ein bisschen Gruseln. Wenn nicht, muss ich mir eine ganze Menge anhören.

Quellen- und Literaturverzeichnis

Bücher

Max Alsberg: Justizirrtum und Wiederaufnahme, Langenscheidt, Berlin 1913.

Edwin M. Borchard: Convicting the Innocent, Yale University Press 1932.

Rolf Bossi: Halbgötter in Schwarz, Eichborn, Frankfurt am Main 2005.

Rubin Carter: The 16th Round, Viking Press 1975.

Sam Chaiton, Terry Swinton: Hurricane, Goldmann, München 2006.

Jerome u. Barbara Frank: Not guilty, Da Capo Press, New York 1971.

Albert Hellwig: Justizirrtümer, Brunsverlag, München 1914.

Max Hirschberg: Das Fehlurteil im Strafprozess. Zur Pathologie der Rechtsprechung, Fischer, Stuttgart 1960.

Leopold Katscher: Schuldlos verurteilt, Leipzig 1895.

Jörg Kunkel, Thomas Schuhbauer: Justizirrtum!, Campus Verlag, Frankfurt am Main 2004.

Rudolf Machanek: Die Wiederaufnahme des Strafverfahrens de lege ferenda, JBl 1976.

Franz Mahr, Reinhard Grabher: 2865 Tage. Der Fall Peter Heidegger, Czernin Verlag, Wien 2007.

Roland Miklau: Die Reform des strafprozessualen Vorverfahrens und die Strafverteidigung, in: Walter Schuppich/Richard Soyer (Hrsg.): Vorverfahren und Verteidigungsrechte, Wien 1992.

Hermann Mostar: Unschuldig verurteilt, Ullstein, Berlin 1990.

Arthur Nußbaum: Der Polnaer Ritualmordprozess, Berlin 1906.

Werner Otter: Gnadenlos, Edition Dokumente, Innsbruck 1984.

Hans-Dieter Otto: Das Lexikon der Justizirrtümer, Ullstein, Berlin 2003/2006.

Hans-Dieter Otto: Im Namen des Irrtums, Herbig, München 2006.

Karl Peters: Fehlerquellen im Strafprozess. Eine Untersuchung der Wiederaufnahmeverfahren in der Bundesrepublik Deutschland, 2 Bände, Verlag C. F. Müller, Karlsruhe 1970 u. 1972.

Winfried Platzgummer: Grundzüge des österreichischen Strafverfahrens, JBl 1970.

Hermann Roeder: Lehrbuch des österreichischen Strafverfahrensrechtes, Wien 1976.

Erich Sello: Die Irrtümer in der Strafjustiz unserer Zeit, Deckers, Berlin 1911 (Nachdruck Gerd Hoffmann Verlag, Schifferstadt 2001).

Richard Soyer: Die (ordentliche) Wiederaufnahme des Strafverfahrens, Verlag Österreich, Wien 1998.

Robert A. Stemmle (Hrsg.): Justizirrtum. Der neue Pitaval, Desch Verlag, München 1965.

Friedrich Torberg: Die Tante Jolesch, Deutscher Taschenbuch Verlag, München 1977.

Clive Walker, Keir Starmer: Miscarriages of Justice, Blackstone Press Limited, London 1999.

Katharina Zara: Die Geschworene, C. H. Beck, München 2002.

Zeitungen und Zeitschriften

Es würde den in diesem Buch zur Verfügung stehenden Rahmen sprengen, alle Artikel und Berichte im Detail hier anzuführen. Deshalb seien jene periodischen Medien (ob sie noch existieren oder nicht) in alphabetischer Reihenfolge angeführt, die als wichtigste Quellen gedient haben. Außergewöhnlich hilfreich bei der Auswertung dieser Unterlagen waren auch die Archiv-Redakteure der österreichischen Tageszeitung „Kurier" und der „Austria Presse Agentur". Ihnen gebührt besonderer Dank. Hier eine ausgewählte Liste der wichtigsten dieser Quellen:

Abend-Zeitung

Arbeiter-Zeitung

Archiv für Kriminal-Anthropologie und Kriminalistik, Band 6 (1901), S. 272 ff., ergänzend Band 7 (1902), S. 312 ff. und 321 ff.

Austria Presse Agentur

Bildtelegraf

Bildtelegramm

Echo Vorarlberg

Express

Kärntner Tageszeitung

Kleine Zeitung

Kronen Zeitung

Kurier
Le Monde
Libération
Neues Österreich
Neues Volksblatt
News
Oberösterreichische Nachrichten
Oberösterreichische Rundschau
Die Presse
profil
Le Républicain Lorrain
Salzburger Nachrichten
Der Spiegel
Der Standard
The Times
Tribunal. Zeitschrift für praktische Strafrechtspflege 1 (1885), S. 318 ff.; 2 (1886), S. 244
Vorarlberger Tageszeitung
Washington Post
Wiener Zeitung
Die Zeit

Internet

Alle die im Zuge der Recherche für dieses Buch aufgesuchten Internet-Adressen sind leider nicht mehr nachvollziehbar. Die wichtigsten Online-Quellen, vor allem jene, die für die Schilderung der internationalen Fälle von entscheidender Hilfe waren, finden Sie hier:

Der Fall Dreyfus:
  http://de.wikipedia.org/wiki/Dreyfus-Affaere
  http://www.dreyfus-ausstellung.de/index-Dateien/Page585.htm
  http://www.das-parlament.de/2007/50/Beilage/004.html
Der Fall „Birmingham Six“:
  http://www.zeit.de/1991/11/Das-Gesicht-wahren
  http://www.zeit.de/1991/13/Irische-Suendenboecke

http://www.salzburg.com/sn/07/02/10/artikel/3002540.html

Der Fall Darryl Beamish:

http://en.wikipedia.org/wiki/Darryl_Beamish

http://www.taubenschlag.de/Kriminelles

http://www.smh.com.au/news/National/After-45-years-deaf-mute-cleared-of-axe-murder/2005/04/01/1112302213642.html

Der Fall Dong Wei:

http://ahdu88.blogspot.com/2005/12/abolish-communist-chinas-death-penalty.html

http://www.pressinterpreter.org/node/340

http://www.bjreview.com.cn/quotes/txt/2007-02/05/content_54982.htm

http://chinaperspectives.revues.org/document545.html

Der Fall Hans Hetzel:

http://de.wikipedia.org/wiki/Hans_Hetzel

http://www.nibuki.de/education/referate/ref_de_txt-hetzel.pdf

http://www.daserste.de/justizirrtum/folge_3.asp

Der Fall Anthony Porter:

http://www.zeit.de/1999/23/199923.protess_.xml

http://www.pjcinvestigations.com/

http://en.wikipedia.org/wiki/Anthony_Porter

http://www.ccadp.org/porternews.htm

Der Fall Rubin Carter:

http://de.wikipedia.org/wiki/Rubin_Carter

http://www.time.com/time/magazine/article/0,9171,918176,00.html

http://www.njboxinghof.org/cgi-bin/henryseehof.pl?57

Der Fall Derek Bentley:

http://en.wikipedia.org/wiki/Derek_Bentley

http://www.ccrc.gov.uk/CCRC_Uploads/BENTLEY_DEREK_-30_7_98.pdf

http://de.wikipedia.org/wiki/Derek_Bentley

Der Fall David Milgaard:

http://en.wikipedia.org/wiki/David_Asper

http://en.wikipedia.org/wiki/David_Milgaard

http://archives.cbc.ca/society/crime_justice/topics/713/

http://www.cbc.ca/news/background/milgaard/

Der Fall Tschikatilo:

http://de.wikipedia.org/wiki/Tschikatilo

http://wissen.spiegel.de/wissen/dokument/10/71/dokument.html?titel=%22Wie+ein+gehetzter+Wolf%22&id=13681701&top=SPIEGEL&suchbegriff=wie+ein+gehetzter+wolf&quellen=&vl=0

Der Fall Vera Brühne:

http://de.wikipedia.org/wiki/Vera_Bruehne
http://www.dieterwunderlich.de/Vera_Bruehne.htm
http://www.lernzeit.de/sendung.phtml?detail=196328
http://www.kalenderblatt.de/index.php?what=thmanu&page=1&manu_id
=541&tag=4&monat=6&year=2008&dayisset=1&lang=de
http://zeus.zeit.de/text/archiv/2001/22/200122_57-vera_bruehne.xml

Der Fall Jeanne d'Arc:

http://de.wikipedia.org/wiki/Jeanne_d'Arc

Weitere ausgewählte Online-Quellen:

http://www.inhr.net
http://www.xlarge.at
http://www.news.at
http://weglog.derdetektiv.at
http://forejustice.org